总 策 划：马誉峰

策　　划：赵其国　王福友

总 撰 稿：王福友

撰　　稿：史克己　李新锁　孟　娜　刘菊青

　　　　　党红英　谢　炜　翟志刚

史学顾问：吕志毅　吴洪成　范铁权　赵颖霞

从保定到巴黎

纪念留法勤工俭学运动肇启一百周年

总策划　马誉峰　总撰稿　王福友

人民出版社

责任编辑：孙兴民　邓文华

装帧设计：翟志刚　徐　晖

责任校对：张　红　闫翠茹

图书在版编目（CIP）数据

从保定到巴黎／王福友主编. — 北京：人民出版社，2019

ISBN 978 - 7 - 01 - 020467 - 3

Ⅰ．①从… Ⅱ．①王… Ⅲ．①五四运动 - 史料②留法

勤工俭学会 - 史料 Ⅳ．①K261．106

中国版本图书馆 CIP 数据核字（2019）第 038033 号

从保定到巴黎

CONG BAODING DAO BALI

纪念留法勤工俭学运动肇启一百周年

总策划　马誉峰　总撰稿　王福友

人 民 出 版 社 出版发行

（100706　北京市东城区隆福寺街 99 号）

保定市北方胶印有限公司印刷　新华书店经销

2019 年 4 月第 1 版　2019 年 4 月第 1 次印刷

开本：710 毫米×1000 毫米　1/16　印张：14.5

字数：240 千字

ISBN 978 - 7 - 01 - 020467 - 3　定价：48. 00 元

邮购地址　100706　北京市东城区隆福寺街 99 号

人民东方图书销售中心　电话（010）65250042　65289539

序

　　为纪念留法勤工俭学运动一百周年，市文广新局几位老同志用了近两年的时间，走访专家，征集资料，探询故址，精心考证，以文学脚本样式完成了《从保定到巴黎》一书的创作。此举，拨冗致远，宣传了保定历史文化，契合了民族复兴大业的历史思考，意义非凡。

　　肇启于保定的留法勤工俭学运动，是五四新文化运动的一个重要组成部分。20世纪初叶，面对西方列强船坚炮利、神州大地被肆意瓜分的局面，朝野上下，群情激奋，强烈地意识到，唯有求学海外，师夷之长，才能够图强救国。于是，在中国近现代历史上，便出现了四次大的留学运动，其中，由保定籍著名学者李石曾等有识之士发起的留法勤工俭学运动，对中国近现代历史产生的重大影响，尤为史学界称道。这场运动开创了一种惠及大众的教育模式；为民族进步和复兴培养了众多的科技人才；更为重要的是，为早期的中国共产党锻造出了一大批政治精英，毛泽东、周恩来、刘少奇、邓小平、蔡和森等老一辈无产阶级革命家，作为组织者和践行者，为运动的兴起和政治走向发挥了至关重要的作用。这场留学运动虽带有民间性质，却意义深远，是中国近现代史上的一件大事，也是中国共产主义运动史上的光辉一页。

　　我来保定市工作之前，对这个城市的文化应该说是了解的，但了解得不是很深很透。感性上的认识，大多来自经典的文学作品，诸如"风萧萧兮易水寒"的古老诗句，梁斌先生的小说《红旗谱》，李英儒先生的小说《野火春风斗古城》，还有狼牙山五壮士、冉庄地道战、小兵张嘎等革命故事。从理性上深入探询这个城市厚重的文化，是到新的工作岗位履职后，尤其是主持市政府、市人大工作以后，责任使然，较多地接触了文化领域的专家、学者，并通过研读有关方志资料，对保定独特的区位优势、淳朴的风土民情以及博大多维的历史文化，认识上有了质的升华。保定，"享九州首善，得风水独尊"，"元始之光泱泱犹照，文脉千载徐徐未歇"，有"都南屏翰，冀北干城"之誉，是中华文明发祥地之一、著名的历史文化名城。叹服之余，敬畏之情油然而生。依我看，影响至要且深远的留法勤工俭学运动之所以肇启于此，并成为古城独有的历史文化名片，似乎偶然，实则与它的沧桑过往、厚重底蕴、薪火传承密不可分，是历史的必然选择。

保定市原文化局局长王福友同志和我是老同事，又是志趣相投的老朋友，他退而不休，组织文化系统一些老同志，矢志于保定地方历史文化的整理和研究，且颇有成果。最近，他又送来《从保定到巴黎》这部书稿，掩卷之后，感触良多。保定作为留法勤工俭学运动的发祥之地，尽管史学界在评述中多有提及，但对其来龙去脉、前因后果给予深入细致地探寻与展现，并拟以文献纪录片形式传播给大众，似乎还是首次。这部书稿，无论在资料掌握的广度上，还是思考的深度上，都比较系统地呈现了"从保定到巴黎"的真情实境：20世纪初，在保定古老的城墙上，志趣超群、抱负高远的青年毛泽东初展王者之气，为赴法预科的学子们谈论古今，指点江山；在高阳布里工艺学校、保定育德中学留法工艺预科班、直隶农业学堂高等留法预备班，刘少奇、蔡和森、李富春等青年才俊心忧天下，为民族图强凤兴夜寐，苦修其身；运动的主要发起者李石曾以及早期众多追随、襄助者多为保定籍人氏，他们为这场留学运动的肇启乐此不疲，殚精竭虑。还有，保定在国内首开的留法预科培训场所，顾及了低、中、高学业的累次递进，对运动的勃兴起到了引领、示范作用……时光荏苒，白驹过隙。百年前，这里激荡起的一幕幕旖旎画卷，令我震撼且深受教育。可以说，保定对留法勤工俭学运动的兴起居功至伟。

本书以唯物史观为指导，以史料为基础，客观翔实，图文并茂，具有一定的历史学术价值。体例布局上，由点到面、远近相济，多角度地展示了留法勤工俭学运动的根由与走向；文字表述严谨，语言活泼生动，充满励志情怀；恰到好处地融入了诸多地域文化和乡土风情，突出了地方特色；值得一提的是，每集都选择了鲜活的人文典故作为开篇，引人入胜，可读性强。

客观地说，限于原始史料缺乏，可见资料庞杂且厘定不一等原因，本书或许尚有继续丰富和进一步完善之处，但仍不失为一部精品之作。

桃李不言，下自成蹊。这是文化之魅力所在。《从保定到巴黎》一书，以"乡土情怀"，讲述保定故事，弘扬了高昂奋进的民族精神，无疑是保定文苑中的一朵奇葩。它的付梓面世，不仅是保定文化建设的一件好事，也为我们深入学习领会党的十九大精神，激发文化自觉，坚定文化自信，走向文化自强，提供了生动的辅助读本，可喜可贺。在此，特别感谢为这本书付出心血的作者们，也希望古城文化界有更多的研究和创新成果出现，以民族优秀文化的旺盛活力和无穷魅力，开拓新时代中国特色社会主义文化建设新境界，实现中华文化的繁荣兴盛。

是为序。

马誉峰

2018 年 5 月 18 日

（保定市人大常委会主任）

目　　录

第四集　高阳布里·小乡村大课堂/60

高阳布里，中国北方一个极为普通的小乡村。在这里，李石曾创办的国内第一所"留法工艺学校"，对留法勤工俭学热潮的勃兴起到了"领头雁"作用。小乡村的"大课堂"，从此奠定了在留法勤工俭学运动中的特殊地位。

第五集　育德中学·通往远方的桥梁/80

百年前的保定育德中学，已经跻身于北方名校之列。在留法勤工俭学运动初期，开办于此的"高等工艺预备班"，迎送了全国各地的留法学子，俨然成为了一座通往远方的桥梁，也成为了古城保定一张独有的历史文化名片。

第六集　直隶保定·敢为人先的地方/96

保定，享九州首善，得风水独尊，是著名的历史文化名城。它能够成为留法勤工俭学运动的肇启之地，是历史的选择。百年前的留法勤工俭学运动，已经载入了史册，载入史册的还有保定人勇于探索、敢为人先的精神。

从保定到巴黎

目录

3

肇启于保定的留法勤工俭学运动
是一场穿越历史隧道的心灵之旅
它不仅激发出古老民族的不息活力
更造就了众多政治精英与专业人才……

第一集 留法勤工俭学运动·世纪之引领

QINGONGJIANXUE

保定北唐家胡同第一客栈

让我们把历史的时针拨回至一百年前的 1918 年。

中秋时节，直隶省城保定。

10 月 6 日，平汉铁路线上的保定府站走出来一伙青年学生装束的南方人。为首的几个稍为年长的学生操着湖南口音，和前来迎接的十几个年纪稍小的学生热烈地交谈着，说笑着，边走边来到保定唐家胡同第一客栈投宿。这批学生中，一个高个子、长头发、有着明亮眼睛的大男孩分外引人注目。他就是日后中国共产党创始人之一、开国领袖毛泽东。

保定火车站（1918）

保定古城墙

在接下来的几天时间里，毛泽东和蔡和森、肖子升、陈绍休、张昆弟、李富春、李维汉等湖南同学在保定观看了他们有生以来第一次接触到的无声电影。在草木扶疏的保定古城城墙上，毛泽东跟他的湖南同学们谈起了这座冀中古城的悲壮历史。例如明末李自成起义军大将刘芳亮攻打保定，四国联军占领保定城、杀害护理总督廷雍等故事，显示出了文史知识领域的丰厚储备。

【链接】

廷雍（1853—1900），字绍民，直隶布政使、护理总督。因支持义和团运动被八国联军斩首，为庚子事变中被八国联军所杀级别最高的中国官员。

1900年，八国联军攻陷天津，直隶总督裕禄上书请辞，被慈禧革职留用。7月，调任李鸿章为直隶总督，但李鸿章迟迟不愿北上赴任。8月，廷雍被朝廷任为护理直隶总督。10月，英法德意四国军队占领保定。11月，占领军将布政使廷雍、守尉奎恒、参将王占魁押赴直隶总督署大堂，用《大清律例》进行审判，判处3人死刑，在保定城南凤凰台斩首。

廷雍死后，清廷为表示对廷雍被杀事件的"愤懑"，将廷雍无头的躯干运回北京，铸一银头葬于清河镇。

在全国十大名园之一的"古莲花池"碧波垂柳之畔，毛泽东指点江山，意气风发。他说，这里就是著名的"莲池书院"啊！又问他的密友肖子升：李石曾的老师齐禊亭先生，不就是在这里求学于武昌张裕钊先生吗？接着，还请肖子升向大家介绍李石曾先生发起留法勤工俭学的动机和远大理想。

莲池书院，风云激荡，青春学子，意兴湍飞。

张裕钊题"莲池书院"匾额

【史海钩沉】

莲池书院，又称"直隶书院"，雍正十一年（1733）由时任直隶总督的李卫奉旨创办，随后逐渐发展成为中国北方最高学府。直到1903

年停办，先后存在长达 170 年之久。

莲池书院自开办
伊始即得到清廷的高
度重视，特别是乾隆
帝，曾三次"幸临"
书院，并赐匾题诗勉
励师生，书院一时间
名满天下。鼎盛时期
的莲池书院与湖南岳
麓书院南北交相辉映，
被誉为"京南第一学

直隶图书馆　始建于光绪三十四年（1908）

府"。汪师韩、章学诚、黄彭年、何秋涛、王振纲、张裕钊、吴汝纶等
众多学冠天下的宗师大家，刘春霖、王发桂、胡景桂、王树彤、孟庆
荣、傅增湘、冯国璋、宫岛大八（日本）等一大批彪炳后世的高徒学
子，精彩演绎了莲池书院的历史辉煌，使这里成为长达两个世纪的重大
政治活动场所和直隶文化教育中心。

张裕钊

光绪年间，主持莲池书院院务的除黄彭年
之外，先后还有桐城派大师张裕钊和吴汝纶。
尤其是张裕钊、吴汝纶在掌学莲池书院数十年
间，着力"倡博知事变，易其守旧。举中外学
术于一治，以陶铸有用之材"，讲古学，设东、
西文（日语、英语），首开接待外国访问学者
和招收外国留学生先河。"恢宏教化，声播四
方"，以至于前来求学者不绝如缕。1887 年，
19 岁的日本留学生宫岛大八慕名求学，拜读在
张裕钊门下，成为莲池书院第一位日本留学生。张裕钊与宫岛大八的师
徒之情为后世留下了一段佳话。

　　可以说，保定为毛泽东——这位时年二十五岁的旧中国青年，打开
了一扇接触世界、走向崭新生命征程的未来之门。
　　是什么原因，让这座古城吸引了毛泽东、蔡和森、李富春、李维汉

保定

等热血青年，前来投入了它那古朴宽阔的怀抱呢？又是什么原因，让一个世纪前勤工俭学波光云影中的些小微澜，酝酿成滔天巨浪，进而狂飙突击，冲开了世纪之门？

保定，与20世纪初的留法勤工俭学运动机缘契合，引领一代风骚，影响了一个世纪。

1840年，西方列强发动的鸦片战争开始撕裂中国版图，使得大清政府长期实行的与世隔绝、闭关锁国的政策宣告失败。随之，一些试图巩固封建专制统治的开明知识分子，在痛苦的思索中提出了"师夷长技以制夷"的自强主张。同时，洋务运动的兴起和世界科学技术的发展，迫使清朝政府开始有计划派遣留学生求学于世界先进国家。自19世纪下半叶，到20世纪初的五四运动，中国先后兴起了四次规模较大的留学运动。

1872年，由容闳提议，经清廷照准，在洋务派领袖之一的曾国藩主持下，先后有120名幼童被派往美国，开近代中国群体留学海外之先河。不久，清廷为培养军事人才，又公费派遣以福州船政学堂为主的青年学生、下级军官远赴欧洲留学。洋务运动时期便成为了以幼童留美为主体的第一次留学运动。这批留美幼童很多人成为了中国近代史上的知名人物，如著名铁路工程师詹天佑、开滦煤矿矿冶工程师吴仰曾、北洋大学校长蔡绍基、清华大学校长唐国安、民初国务总理唐绍仪等。

【链接】

容闳

容闳（1828—1912），原名光照，族名达萌，号纯甫，广东香山县人。中国近代著名的教育家、外交家和社会活动家。他是第一个毕业于美国耶鲁学院的中国留学生，是中国留学生事业的先驱，被誉为"中国留学生之父"。

在清末洋务运动中，为使"西方之学术，灌输于中国，使中国日趋于文明富强之境"，他毕业后毅然往返于中美两国之间，支持祖国的近代化事业，策划并促成了近代中国首批官费留美学生的派遣。

从 1872 年到 1875 年，每年选派 30 名学童（年龄规定为 12 岁至 16 岁，个别年仅 10 岁），四年共派出 120 名学童赴美留学。然由于封建保守势力阻碍，这些学童最终先后被强行撤回，以致功败垂成。

1912 年 4 月 21 日，容闳逝世于美国，终年 84 岁。

著有《西学东渐记》《容闳回忆录》。

1894 年，甲午战争失败以后，维新变法的思潮在国内兴起，随之而来的是一股研究日本、学习日本的热潮。1896 年兴起的留日运动，使得一大批知识分子赴东瀛日本求学，所学专业囊括了军事、科技、文学等学科。留学生中，也不乏自筹经费的进步学生。这就是中国近代史上的第二次留学高潮。辛亥革命之后，五四运动、新文化运动及中国共产党建立过程中，作为领导及骨干的留日学生中有蔡元培、鲁迅、李大钊、周恩来、郭沫若等一大批知识界政治精英。

1909 年，留美预科的清华学堂正式成立，首批留美学生 47 人抵达华盛顿，标志着中国近代史上的第三次留学浪潮开始形成。这次留美热潮，是由美国退还部分庚子赔款为缘由并支撑的，史称"庚款留美"。留学青年积极致力于科技救国，珍惜机会，刻苦钻研，大都学有所成。他们中的杰出代表有：后来的清华大学校长梅贻琦、著名语言学家赵元任、著名气象学家竺可桢、著名桥梁专家茅以升、中国近代化学工业的奠基人侯德榜等。

【史海钩沉】

清华园

1900 年，八国联军侵略中国，1901 年，清政府被迫签订《辛丑条约》，规定向各国赔偿白银 4.5 亿两，此款因庚子年义和团事件而起，故通称"庚子赔款"，简称"庚款"。1904 年美国表示所得赔款"原属过多"，可用于"退款办学"。经中美双方多次商谈，于 1908 年确定退款办学相关事宜。这就是后来"庚款留美"的由来。

1909 年，清政府外务部、学部会同设立游美学务处，附设游美肄业馆，专办派遣学生赴美留学一切事宜。1909—1911 年，游美学务处选送三批共 180 名学生赴美留学。

1911 年 4 月，清政府批准将游美肄业馆改名为"清华学堂"，即延续、发展至今的著名高等学府——清华大学。

在中国旧民主主义革命和新民主主义革命的交替之际，兴起了第四次留学高潮——留法勤工俭学运动。这是一场有识之士和有志青年为学习西方先进科学技术，寻求救国真理的留学运动。这场留学运动虽带有民间性质，却影响深远，成为了中国近代史上一件大事，也是中国共产主义运动史上的光辉一页。

1920 年毛泽东（左七）在上海半淞园欢送湖南赴法勤工俭学学生

留法勤工俭学运动，源于辛亥革命前后的留法俭学、旅法华工教育以及旅法华人的勤工俭学活动，而在十月革命的影响和五四运动的推动下，这一运动在全国范围内形成空前规模和热潮。先后有近 2000 名有志青年，集中到被称为民主自由之乡的法国留学，这是近现代中国留学史上绝无仅有的。运动以"勤于工作，俭以求学，以进劳动者之智识"为宗旨，开辟了有异于公费和自筹费用的第三种留学形式，使众多贫寒子弟出国留学的希望成为可能。难能可贵的是，勤工俭学运动的参与者在法国历尽艰辛，孜孜追求西学奥秘，苦苦寻觅救国良方，他们的精神支柱始终都是改良社会和救亡图存。特别是一大批早期信仰了共产主义思想的有志之士，在留法勤工俭学运动的历史舞台上跻身时代风潮，投身于创建中国共产党、寻求革命真理的伟大实践。

这一场令世界对中国刮目相看的留法勤工俭学运动，发起和倡导者为清末民初留学法国的李石曾、蔡元培、张静江、吴稚晖等人，其中李石曾所起的作用和影响最大。

李石曾（煜瀛）于1902年赴法国留学，成为中国留法学生在法国创业的第一人。在法期间结交当时进步人士蔡元培、吴稚晖等，1906年加入"中国同盟会"，与蔡元培、吴稚晖、张静江被尊称为国民党"四大元老"。

蔡元培　　　　张静江　　　　吴稚晖　　　　李石曾

留法勤工俭学运动，从践行的肇始，到高潮的兴起，经历了一个循序渐进的发展过程。

1908年，李石曾在法国巴黎成立中国豆腐公司，在华工中实行的"以工兼学"，成为了留法勤工俭学运动的缘由。豆腐公司不仅为赴法的有志青年提供了做工创业的机会，也为日后的留法勤工俭学运动拓立了着陆点。

1912年，在新任南京临时政府教育总长蔡元培的大力支持下，李石曾、吴稚晖、张静江在北京发起建立"留法俭学会"。在俭学会发布的"公启"上，倡办者们阐明了立会的目的：欲输世界文明于国内，必以留学泰西为要图。惟西国学费，宿称耗大，其事至难普及。……兹由同志组织留法俭学会，以兴尚俭乐学之风，而助其事之实行也。留法俭学会的成立，尤其是"尚俭乐学"理念的提出，象征着轰轰烈烈的留法勤工俭学运动初露端倪。

1915 年，李石曾、蔡元培等在法国成立"勤工俭学会"。勤工俭学会以"勤于工作，俭以求学，以进劳动者之智识"为宗旨，在赴法华工和俭学生中大力倡导"勤工俭学"。此时，编辑出版了由蔡元培作序的《勤工俭学传》，该书以简洁明快的语言，介绍了古今中外著名学者勤工俭学的经历和成就，阐明了勤工俭学的意义和缘起。"勤工俭学会"的成立，标志着留法勤工俭学运动的组织机构已趋完善。

1916 年，法国人欧乐和李石曾、蔡元培、吴玉章等在巴黎成立华法教育会，其宗旨为："发展中法两国之交通，尤重于法国科学与精神之教育，图中国道德、智识、经济之发展。"华法教育会除设立华工学校外，还创办了《旅欧杂志》《旅欧教育运动》等刊物，详细介绍留法俭学会、勤工俭学会、华法教育会的沿革及活动，对留法勤工俭学运动的兴起起到了极大的推动作用。

华工学校第一期学生和部分教师均为保定籍华工，前排站立者为李广安，右为李麟玉，坐者 2 排左 1 为马执中，3 排左 2 为马志远。

华法教育会是由蔡元培、李煜瀛、吴玉章、吴稚晖及法国学者欧乐（Aulard）等于1916年在法国巴黎创建的教育团体。欧乐和蔡元培任会长，李石曾和穆岱（Marius Moutet）任副会长。华法教育会成立后，在开展华工教育、组织国内青年赴法勤工俭学、编辑出版《华工杂志》等刊物方面做了大量工作。

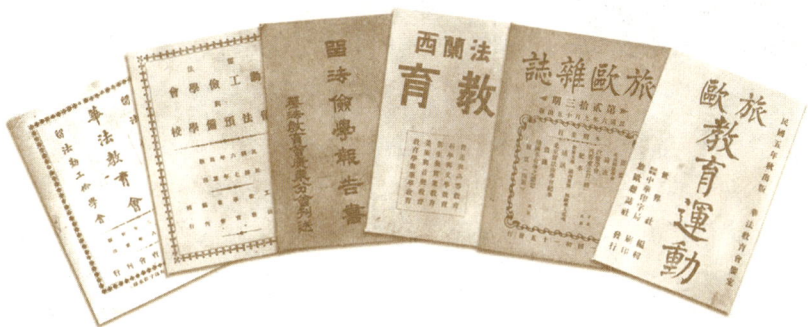

华法教育会出版的部分刊物

华法教育会在国内北京、上海、广东、陕西等地设分会，并在北京创办孔德学校、平民学校、高等法文专修馆等，为促进中法文化交流，推动留法勤工俭学运动兴起发挥了重要作用。

1917年，蔡元培、李石曾、吴玉章等人，在北京恢复了停止活动4年之久的留法俭学会，并相继成立留法勤工俭学会北京分会、华法教育会北京分会。这些机构成为了主办全国留法勤工俭学事宜的总机关。

【链接】

吴玉章（1878—1966），原名永珊，字树人，四川自贡人。无产阶级革命家、教育家，著名的历史学家和语言文字学家，新中国教育的开拓者之一。

吴玉章自小忠厚笃诚，坚韧沉毅，喜读史书，学识渊博，有"金玉文章"之誉。1903年，东渡日本求学。1906年加入同盟会。1912年和李石曾在北京发起成立留法俭学会。同年6月，在四川成都组织成立留

吴玉章

法俭学会四川分会，仿保定做法在成都少城济川公学内设留法俭学预备学校。1916 年为华法教育会主要成员。

1925 年，吴玉章在北京加入中国共产党，后参加南昌起义，任革命委员会委员兼秘书长。大革命失败后赴苏联学习，出席共产国际第七次代表大会、世界和平会议。抗战胜利后，任中共代表赴渝出席政协会议，兼任中共四川省委书记。后任中共六届、七届、八届中央委员。

新中国成立后，被选为第一、二、三届全国人民代表大会常务委员。

吴玉章从参加同盟会到参加中国共产党，从参加孙中山领导的旧民主主义革命到参加中国共产党领导的新民主主义革命、社会主义革命，为社会进步、民族解放和社会主义建设事业奋斗一生。与董必武、徐特立、谢觉哉、林伯渠被尊称为"延安五老"。

毛泽东赞誉吴玉章：几十年如一日，一贯的有益于广大群众，一贯的有益于青年，一贯的有益于革命。

著有《辛亥革命》《历史文集》《吴玉章回忆录》等。

同年，李石曾在保定高阳布里村创办"留法工艺学校"，稍后在保定育德中学设立"留法高等工艺预备班"。至此，以保定为肇启地的留法勤工俭学运动在全国迅速掀起高潮。

一时间，风云际会，波澜壮阔。

从 1917 年到 1919 年，上海、四川、湖南、广东、福建等省相继成立了华法教育分会、留法勤工俭学分会。在保定高阳布里留法工艺学校、保定育德中学留法勤工俭学高等工艺

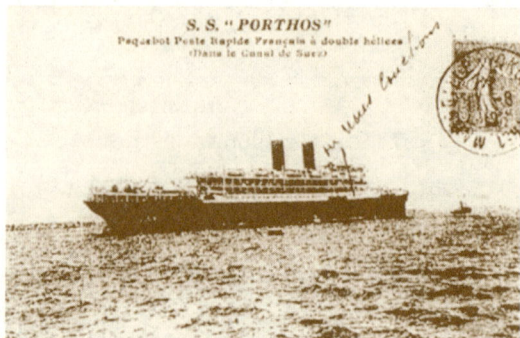

1920 年 11 月 7 日，周恩来赴法勤工俭学搭乘的法国"波尔多斯号"邮轮。

预备班示范下，分布在各省的留法预备学校（班）骤增到 20 余所，留法勤工俭学以运动的态势迅速风靡全国。1919 年 3 月至 1920 年 12 月期间，先后二十余艘日、法、美、英等国的邮轮搭载着来自保定、湖南、四川以及全国各地 2000 多名血气方刚、初出茅庐的中国青年，他们为求学科技、探寻真理，穿越波涛，奔向欧洲，上演了一场中国历史上最为壮观的弄潮活剧。

这场肇启于保定，进而激荡了中国近现代历史的留学运动，由于受到历史、社会、政治等情势变化的影响，虽然没有一个如期的收束，但留法勤工俭学能够被后世史学家们称为"运动"，本身就是一种历史的认同和价值的体现。

它以遍及全国的宏大声势，"正辟留学途径，造福贫寒子弟"，猛烈地冲击了中国几千年文化教育"贵族化"传统。以勤工为手段，俭学为目的，倡导"工学结合、知识与应用结合"，不仅使众多家境贫寒的青年获得到国外留学的机会，更重要的是奠定了适合中国国情的崭新教育理念，极大地丰富了近现代国民教育的思想宝库，并为新中国教育方针的制定提供了十分重要的借鉴。

它为中华民族培养了一大批近现代科学技术人才。在留法勤工俭学运动中，有一批有志青年，虽然他们并未参与到政治斗争中去，成长为无产阶级活动家、革命家，但却始终抱着改良主义、"科学救国"、"实业救国"的目的，坚持勤工俭学，埋头苦读，或者掌握了先进的科学技术，或者学有所长，成为了科学家、教授、企业家，其中的大部分人回到祖国，为祖国科技发展和民族振兴做出了可贵的贡献。他们是：生物学界宗师朱洗，植物学家林镕，纺织学家张汉文，电机工程专家侯昌国，天文学家程茂兰……可谓群星璀璨。这些科学巨子们以其丰硕的科研成果，书写出了科技史上的辉煌篇章。

留法勤工俭学运动最大的历史功绩是，为中国共产党历练出了一批早期实践者和领路人。1949 年 10 月 1 日，中华人民共和国开国大典上，我们看到，中国共产党第一代领导中，毛泽东、周恩来、刘少奇、邓小平，都是留法勤工俭学运动的组织者和参与者。同时，从留法勤工俭学运动的队伍里，还走过来一大批铁血志士：蔡和森、赵世炎、李立三、向警予、李富春、蔡畅、聂荣臻、陈毅、何长工……他们年轻的身影在那个时代的大潮里留下了朝气蓬勃的骄人气息。

中国社会主义青年团"旅欧支部"的大部分成员来自留法勤工俭学学生，这张1924年的照片中前左四为周恩来，左六为李富春，左一为聂荣臻，后排右三为邓小平。

　　毫无疑问，留法勤工俭学运动无论是从政治、军事、外交，还是从科技、教育、文化、艺术等诸多领域，均为年轻共和国的诞生造就了众多的政治精英、专业人才。大江东去，海纳百川。自此，一个古老民族生生不息的活力被激发了出来，使曾经积贫积弱的"东亚病夫"终于成长为东方巨人。

留法勤工俭学运动纪念馆

　　保定留法勤工俭学运动纪念馆。

　　这是一场穿越历史隧道的心灵之旅。在这里，一幅幅尘封久远的图片，一件件珍贵的文物史料，向世人诉说着青年学子们自强不息的峥嵘岁月，坦陈着留法勤工俭学运动的发展轨迹。我们仿佛随同百年前的青年才俊们，从古城保定起步，相携大江南北，穿越波涛，奔向法国巴黎。

保定与留法勤工俭学运动的不解之缘，为这座古老而神秘的城市又增添了浓重的传奇色彩和开放包容、追求文明的时代气息。留法勤工俭学运动和他的创始人李石曾，也成为了这座北方古城一张亮丽的名片。

李石曾，祖籍保定高阳县西庞口村。1881年出生于北京南城菜市口大街丞相胡同7号。父亲李鸿藻为晚清重臣，他在与他名字一字之差的同僚李鸿章之间，保持了一种奇妙的平衡。李鸿藻是清代"清流派"领袖，李鸿章是洋务派首领，他们二人之间虽然政见不同，但私谊甚好。李鸿章丁忧回籍，慈禧想把其文华殿大学士职衔转封李鸿藻，而李鸿藻却以李鸿章精通武备且擅长洋务为由强拒推辞，不乘虚而入。同样，李鸿藻在钦差督办修造黄河大堤时，李鸿章也通过香港汇丰银行为其筹谋借款事宜，鼎力相助。故此，才有了李鸿藻病故后，当其子李石曾提出出国留学军事，以期未来报效国家的想法时，李鸿章甚为嘉许，全力扶持的故事。

【链接】

李鸿章

李鸿章（1823—1901），本名章铜，字渐甫或子黻，号少荃，晚年自号仪叟，别号省心。安徽省合肥人。世人多称"李中堂"，因行二，故民间又称"李二先生"。官至东宫三师、文华殿大学士、北洋通商大臣、直隶总督。死后追赠太傅，晋一等肃毅侯，谥文忠。

李鸿章是淮军、北洋水师的创始人和统帅，洋务运动领袖之一，晚清重臣。其一生中参与过一系列重大历史事件，包括镇压太平天国运动、镇压捻军起义、洋务运动、甲午战争等，代表清政府签订了《越南条约》《马关条约》《中法简明条约》《辛丑条约》等一系列不平等条约。

慈禧太后视其为"再造玄黄之人"。日本首相伊藤博文视其为"大清帝国中唯一有能耐可和世界列强一争长短之人"。与曾国藩、张之洞、左宗棠并称为"中兴四大名臣"。

著有《李文忠公全集》。

1902年，李石曾踏上了不平凡的遥远途程。

吊诡的是，李石曾放弃了研学军事的初衷，却进入了法国蒙达尔纪中学，而后考入法国巴斯德农学院生物系，且学有所成，成为了中国近现代史上第一个真正意义上的生物学家。这为他许身中国科学教育事业，进而成为留法勤工俭学运动的开拓者奠定了坚实的基础。

还有一位一生以教育救国为抱负的大教育家，他与李石曾倾心合作，为留法勤工俭学运动的兴起呕心沥血、奔走呼号。他就是蔡元培先生。

【链接】

蔡元培（1868—1940），字鹤卿，又字仲申、民友、孑民，乳名阿培，并曾化名蔡振、周子余。浙江绍兴人。民主主义革命家和教育家。清光绪进士，翰林院编修。1905年参加同盟会。1907年赴德留学。1915年在法国与李石曾、吴玉章等创办留法勤工俭学会。1912年为南京临时政府首任教育总长，1917年任北京大学校长，1927年任大学院院长，后改任中央研究院院长。

蔡元培于民国初年主持制定中国近代高等教育的首个法令——《大学令》。二次革命失败后，携眷赴法，与李石曾等创办留法勤工俭学会。任北京大学校长期间，支持五四运动，多方营救被捕学生。1932年与宋庆龄、鲁迅等发起组织中国民权保障同盟，积极开展抗日救国运动。曾致电援救杨开慧烈士，设法保护丁玲、朱宜权等共产党员和许德珩等爱国民主人士。

1940年3月5日在香港病逝，葬香港仔山巅华人公墓，享年73岁。

毛泽东特发唁电："学界泰斗，人生楷模。"

周恩来送挽联："从排满到抗日战争，先生之志在民族革命；从五四到人权同盟，先生之行在民主自由。"

北京大学在诔词中有"当中西文化交接之际，先生应运而生，集中西文化于一身；其量足以容之！其德足以化之！其学足以当之！其才足以择之！呜呼！此先生所以成一代大师欤？"

蔡元培长李石曾 13 岁，似乎隔代，两个人又是怎样走到一起的呢？历史往往有着巧妙的机缘。

1892 年，蔡元培赴京补应殿试，时任礼部尚书的李鸿藻充任监考官。当 14 岁的李石曾拜师受业之时，蔡元培已任职翰林院编修。所以说，两个人的关系，未曾相识之时，就应该在亦师亦友之间

1940 年 3 月 7 日，毛泽东为蔡元培先生题写的挽联

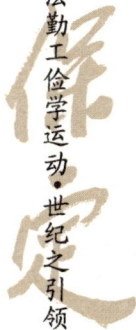

了。恰是这一渊源为蔡元培和李石曾日后共同成就一番伟业埋下了伏笔。

李石曾第一次见到蔡元培是在 1902 年，他赴法留学即将出行，在上海"张园"一个文人聚会的场所，蔡元培的"风度儒雅"令他仰慕不已，而蔡元培对这位"高阳相国"的少公子亦不无留意。

时光到 1907 年夏秋之际，李石曾自法国巴黎到德国柏林看望改任德国公使的孙宝琦，再遇两年前游学至此的蔡元培，二人相见倾心，遂聚谈数日，由于信仰、情趣乃至政治抱负趋同，由此结为了至交。第二年，蔡元培便由德国柏林专程赶赴法国巴黎，参观了李石曾创办的豆腐公司，给予了极高的赞赏。

1916 年 4 月，为了探索教育救国办法，李石曾和蔡元培一起在巴黎创办第一所华工学校。其间，翰林出身的蔡元培"屈尊"成为了国

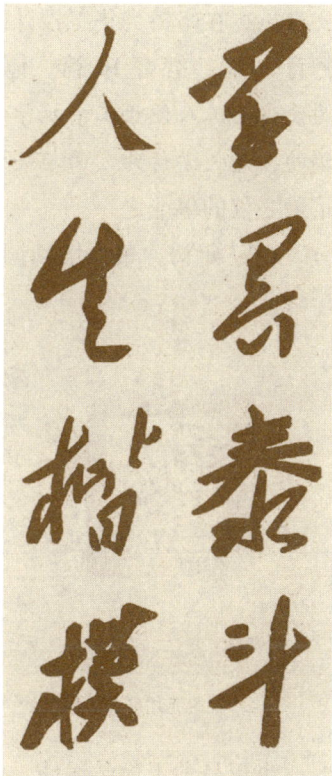

文教员，在坚持为华工授课的同时，还编写了《华工学校讲义》，其中德育30篇，智育10篇。他在《自写年谱》中说：李君（指李石曾）为使这些工人便于工余就学起见，特编一种成人教育的教科书。派给我编的，是关于行为方面与关于美术方面的。此时，勤工俭学已成为蔡元培最心仪的事业之一。

　　1917年初，蔡元培回国出任北京大学校长，他力邀李石曾等好友来京共同效力最高学府。李石曾爽然赴京，任生物学和社会学教授，与蔡元培共事于"北大"达五年之久。其间，蔡元培为保定高阳布里村留法工艺学校题写了"业精于勤"的匾额。就是在这五年里，李石曾、蔡元培把留法勤工俭学运动推向了高潮。

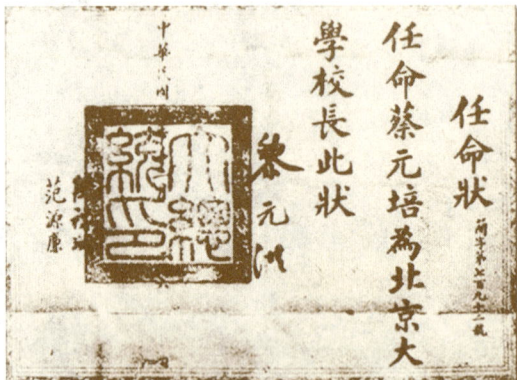

蔡元培任北大校长的"任命状"

　　也正是勤工俭学运动，使这位鸿学大儒与保定有了更多割舍不断的交集。据蔡元培《游保定日记》记述：保定离北京甚迩，（1918年）1月5日早行车，12时抵保定即赴育德中学校。……晚间在育德演说，提出自由平等友爱为德之大纲……，又以育德学风，尤重在于演讲勤俭二字，并说俭学之风与自由平等友爱尤有密切之关系。6日上午参观直隶公立农业专门学校。是日，……晚游保定公园即莲池书院旧址，在园中晚餐，座间商定在保定设华法教育会支部。夜回育德中学校，复为高等留法预备班说俭学会及勤工俭学之概略。

　　时值留法勤工俭学运动勃兴之际，保定又由于出现了一代伟人毛泽东的身影，其人文蕴含之中便平添了一抹鲜红的印记。

　　1918年，在毛泽东极力倡导、精心组织下，湖南的留法勤工俭学运动很快进入了高潮。据1921年湖南《大公报·湖南留法勤工俭学调查记》载：包括发起地保定留法勤工俭学高等工艺预备班在内的400余名湘籍留学人员，分17个批次辗转进入法国。其中包括葛健豪、蔡畅、

1920 年 7 月，湖南籍留法勤工俭学学生在法国蒙达尔纪合影。

向警予、李立新、肖淑良等 11 名女性，而葛健豪正是蔡和森的母亲，时年 54 岁，也毅然出国，力倡新风。就连已经享有教育家盛望的徐特立先生，也说服了家人，登上轮船，漂洋过海，融入了这场"前无古人，后无来者"的留法勤工俭学运动。

【链接】

葛健豪（1865—1943），原名葛兰英，湖南双峰县人。中国早期女权主义运动先驱，教育家，革命家。她五旬求学长沙并伴子女（蔡和森、蔡畅）赴法勤工俭学，被传为佳话。当时舆论界称誉她是 20 世纪"惊人的妇人"。后人尊称她为"女中豪杰"

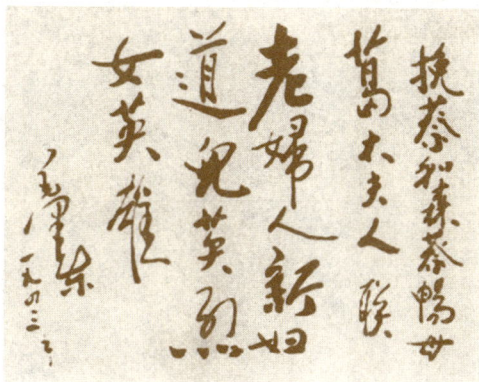

毛泽东为葛健豪题写挽联

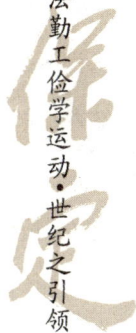

"革命的母亲"。

　　葛健豪一生养育出了中国共产党革命史上四个中央委员——儿子蔡和森，中国共产党创建人之一，中央宣传部第一任部长；儿媳向警予，中国共产党创建人之一，妇女解放运动的先驱，中国共产党第一个女中央委员，中央妇女部第一任部长；女儿蔡畅，女权领袖之一，国际进步妇女运动的著名活动家，共和国第一任妇联主席；女婿李富春，曾任国家计委主任，国务院副总理，中央书记处书记。

　　1943 年，葛健豪病逝于永丰石板冲，终年 78 岁。

　　毛泽东在延安得知蔡母逝世后，提笔写了"老妇人，新妇道；儿英烈，女英雄"的挽联，给"蔡伯母"以最好的褒奖。

　　1918 年 8 月 19 日，毛泽东带领李维汉、李富春、贺果等 20 多名湖南青年，由长沙赶到北京，再下保定。毛泽东等人的此一行程，被史学界认为是留法勤工俭学运动勃兴的重要标志之一。

　　正是参与组织留法勤工俭学运动，一代伟人毛泽东得以初露锋芒，凸现出了他热情、敏锐、坚韧的性格和卓越的组织才能。

　　毛泽东到北京后，和蔡和森等人租住在景山东街三眼井吉安东夹道七号一间窄小的平房里。晚上，他们则"隆然高炕，大被同眠"。在这

1918 年，毛泽东第一次来北京时的住处：景山东街三眼井吉安东夹道七号。

里，毛泽东以床板为书案，起草了著名的《湖南学生留法勤工俭学计划》。接下来，当李石曾看到这份详尽而周密的计划后，不由得赞许连连。虽未谋面，这位湘籍青年却给他留下了很深刻的印象。

毛泽东为解决湖南学子赴法的路费问题，从来不肯开口求告别人的他，只好放下身段，恳请恩师杨昌济介绍，结识了时任国民政府教育总长章士钊，筹借到了两万大洋，才使一大批新民学会会员得以踏上法兰西之旅。

【链接】

杨昌济

杨昌济（1871—1920），又名怀中，字华生，湖南长沙县人。著名的伦理学家，教育家。

1903年至1912年，先后赴日本、英国留学，主攻教育学、哲学、伦理学和心理学。

1913年后回国任教于湖南省第一师范等校。先后在《新青年》《东方杂志》发表论文，支持新文化运动。关心毛泽东、蔡和森、肖子升等一批进步青年，促成新民学会的成立。参加筹备湖南大学，撰著《论湖南创立省立大学之必要》，被誉为"湖南大学蓝图设计第一人"。

1918年，应蔡元培先生之聘，任北京大学伦理学教授。其间，为赴法勤工俭学学生筹措经费，推荐毛泽东到北京大学图书馆工作，促成了爱女杨开慧与毛泽东的婚恋关系。

1920年，杨昌济病逝于北京德国医院。他临终前曾致信好友章士钊，推荐毛泽东和蔡和森，信中说："吾郑重语君，二子海内人才，前程远大，君不言救国则已，救国必先重二子。"在以毛泽东、蔡和森等为代表的湖南早期党史人物成长道路上，杨昌济无疑起了一个启蒙先师的作用。他一生以"欲栽大树柱长天"为经世宏愿，成功地培养了一批"柱长天"的"大树"。

蔡元培在杨昌济逝世后的挽联中写道："学不厌，教不倦，本校失此良师。"字虽不多，却高度概括了杨昌济的一代师风。

著有《论语类钞》《达化斋日记》《杨昌济文集》《治学篇》《劝学

篇》《伦理学之根本问题》，译有《西洋伦理学史》等。

直到新中国成立后的 1961 年，毛泽东与章士钊相遇，感慨地对章士钊说：共产党不会忘记为之做过好事的爱国者，当年你支援留法勤工俭学的那笔款两万元，是我经手借的。毛泽东接着诙谐地说：有借有还嘛，现在我有稿费可以"还债"了。从那以后，每年农历正月初二，毛泽东的秘书都会把 2000 元人民币送到章士钊家，直到 1971 年整整十年。后来停了一年，毛泽东发现后便对秘书说：这钱不能停，还要还"利息"呢。于是，1973 年春节，他的秘书又从稿费中支取 2000 元送还给章士钊。毛泽东用自己稿费为当年留法学子"还债"的故事，无疑成为了一段历史佳话。

【链接】

毛泽东（右）与章士钊

章士钊（1881—1973），字行严，笔名黄中黄、青桐、秋桐。湖南省善化县人。曾任中华民国北洋政府司法总长兼教育总长，中华民国国民政府国民参政会参政员，中华人民共和国全国人大常委会委员，全国政协常委，中央文史研究馆馆长。

1911 年后，先后任同济大学教授，北京大学教授，北京农业学校校长，广东军政府秘书长，南北议和南方代表。新中国成立后为著名民主人士、学者、作家、教育家和政治活动家。

章士钊学贯中西，是 20 世纪杰出而颇有争议的风云人物。孙中山曾称赞说："革命得此人，万山皆响。"他一生交友无数，不仅与各个政党名人关系深厚，与新旧文化名流几乎都有往来。

章士钊晚年最为期盼的是祖国海峡两岸的和平统一。1955 年、1958 年、1960 年，三次奉命赴香港，与台湾方面联络，会商两岸统一问题。1973年，章士钊自请第四次赴港，欲与台湾方面会谈两岸统一事业，功未竟而身先卒。享年92岁。

　　著作有《中等国文典》《柳文指要》《逻辑指要》等。

　　毛泽东的同学贺果在保定育德中学高等工艺留法预备班学习时写下的《上谷日记》记述：（10月6日）是日下午，长沙初级班三十余人到此。余等在此同学到站欢迎，搬运行李。分寓

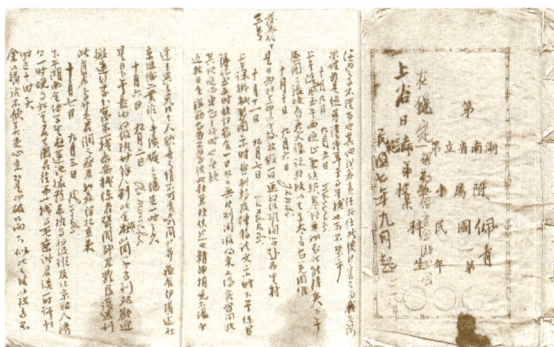

贺果（贺培真）日记

第一栈、泰安栈。陈君赞周、邹君鼎承护送到此。肖君子升、毛君润之、蔡君和森自北京来。（10月7日）下午，湖南全体学生在莲池摄影。本班与初级班及北京数人济济一时。晚与和森君、芝圃君往第一栈，与毛、蔡、肖诸君谈一时许，归时已十时矣……

【链接】

贺果

贺果（1896—1990），字佩青，号培真，湖南宝庆县人。其胞弟是我国著名音乐家贺绿汀。

1918年，贺果在毛泽东带领下同李维汉、张昆弟、罗学瓒、李富春、曾以鲁、罗章龙等24名青年由长沙到达北京。经毛泽东、蔡和森联系，与李维汉、张昆弟、李富春、曾以鲁等被介绍到保定育德中学附设高等工艺预备班学习。一年后，于1919年9月到上海候船赴法。1921年11月，因争进里昂中法大学斗争失败，同蔡和森、陈毅、李立三等104人被强行押送回国。1924年加入中国共产党，先后在安源煤矿、共青团长沙市委、长岳游击司令部筹备处、南昌北伐军政治部、中共海丰县委等处从事革命工作。新中国成立后，

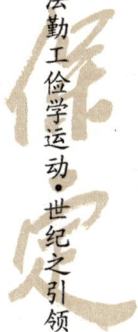

曾任贵阳市政协主席，贵州省人大第二届、第三届代表，全国政协第四届、第五届委员。

1990年在贵阳逝世，享年94岁。

著有《上谷日记》。

在毛泽东与湖南新民学会会员通信的墨迹里，也时常提及保定。有一张那个年代特别盛行的明信片，现在作为国家一级文物静静地陈列在博物馆的展台上。当年毛泽东写给同学罗学瓒的一封私人信件，主要谈及了赴保预备留学事宜：荣熙学长鉴：接蔡君信，知兄已发函复我到京。赴法二百元能筹，旅保一百元无着是一问题。旅保费俟弟至京与蔡商量筹借，或有着未可知，有着之时再函知兄前来可也。文凭须即寄来，由邮双挂号不误。弟又有一言奉商者，兄于从事工艺似乎不甚相宜，而兄所宜乃在教育。弟与蔡君等往返商议，深以同人多数他往，无有几个从事小学教育之人，后路空虚，非计之得。……往保固是一面，然不如从事教育之有大益……

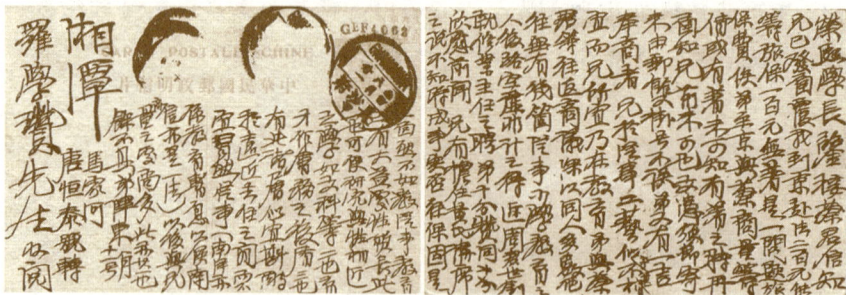

1918年8月11日，毛泽东给罗学瓒的信。

【链接】

罗学瓒（1893—1930），湖南湘潭人。1922年加入中国共产党，曾任浙江省委宣传部部长、省委书记。

1912年考入湖南省立师范学校，与毛泽东为同班同学。因志向相同，与毛泽东、蔡和森等进步同学结为挚友。1918年，作为首批会员加入"新民学会"。同年8月，入北京大学预备班学习法文。1919年赴法国勤工俭学。

罗学瓒

1921 年回国后任湖南外交后援会文书主任、青年救国团主席，积极参加了反帝爱国运动。1925 年，任中共醴陵地方执行委员会书记。大革命失败后坚持斗争，受中央委派，与夏明翰共同负责湖南省委组织部的工作。1927 年任中共湖南省委委员兼湘潭工委书记。1929 年被派往杭州，参加中共浙江省委的领导工作，先任省委宣传部部长，随后任省委书记。不久因叛徒出卖而被捕，在狱中坚强不屈，同敌人进行了坚决的斗争。

1930 年 8 月在杭州被秘密杀害，年仅 36 岁。

从这张明信片和后来皇皇数十万言的《新民学会会员通信集》里可以看出，毛泽东和新民学会同志们的思想，此时还处于追求科教救国、社会改良的阶段。正是因为投身于留法勤工俭学大潮，毛泽东通过老师杨昌济，与留法勤工俭学会的发起者和实际主持人李石曾产生了某些交集，并在蔡元培的引荐下，结识了李大钊、陈独秀，才逐渐接受了马克思主义的启蒙。

令人扼腕的是，毛泽东作为湖南留法勤工俭学运动最初的组织者和发起人，由于诸多原因，未能赴法留学。但他的努力并没有付之东流，他和他的赴法同学们相隔万里、遥相呼应，共同鼓荡起了扶摇直上的赤色旋风……

如果把勤工俭学运动比作照亮古老中国、继而划破天际的熊熊火焰，保定正是火种采集的地方；如果说这场运动为中华民族辟开了一条通往世界的路径，保定则是这条路径的神圣起点……

第一集 留法勤工俭学运动·世纪之引领

保定

从
保
定
到
巴
黎

第二集　李石曾·
　　　奔波者与筑路人

LISHIZENG

小南园别墅

北京西山，攀登香山拾级而上的红叶路上，坐落着一所花园别墅。熟悉西山历史的人们都叫它小南园别墅。这所别墅的主人是一位保定高阳人，他的名字叫李石曾。1918 年初秋的一天，酷爱泡温泉浴的北京大学著名教授、社会名流李石曾先生身披浴袍，在小南园别墅接见了两位湖南学生。他们的名字分别是肖子升、蔡和森。李石曾看着由毛泽东起草的《湖南学生留法勤工俭学计划》，听着蔡和森、肖子升连珠炮似的提问，从他们

1925年李石曾题《故宫博物院》匾额

身上看到了一股子力量，遂迫不及待地对两人说：都说湖南人吃得下苦、干得成事，果然是名不虚传。我看两位就留下来，帮我们留法勤工俭学会做点事吧。

【链接】

肖子升

肖子升（1894—1976），字旭东，后改名肖瑜，湖南湘乡人。

1911年考入湖南省立第一师范，与毛泽东同窗两年多，因志趣相同，他们结成了最亲密的朋友，并于1918年共同创立了新民学会，任学会总干事。1919年赴法国勤工俭学，是湖南青年参加赴法勤工俭学的主要策动者之一。

1924年回国，先后任国民党北平市党务

指导委员、《民报》总编辑、中法大学教授、国立北京大学委员兼农学院院长、华北大学校长及国民政府农矿部次长、国立历史博物馆馆长等职。

毛泽东、蔡和森、肖子升，人称"湘江三友"。毛泽东、蔡和森接受了马克思主义，成为了中国共产党和中国革命的领导人，而肖子升则终生坚持信仰无政府主义。1949年后，随国民党政府去了台湾，后又到法国、瑞士。1952年定居乌拉圭，长期从事教育事业。

1976年，在乌拉圭去世，终年83岁。

李石曾慧眼识才，几天后，肖子升成为勤工俭学会的秘书，蔡和森被派往直隶保定高阳县布里村留法工艺学校，担任国文教员。

中国近代历史，应当说在北京西山小南园别墅启动了它时代的加速器。

李石曾，何许人也？

李石曾，祖籍直隶高阳县，世居城东庞口村。村里的大户李氏家族以耕读立基，"累代仕进通显"。明熹宗天启年间，祖上李国楷，科考取士，官至吏部尚书，中极殿大学士，爵少师太子太师；后人李霨32岁任大学士，在内阁凡二十七年，曾参与平定三藩之乱。收复台湾后，力主设官镇守，清人评价其一生"佐圣主平逆乱，致太平，可谓自认天下之重者"；高祖父李殿图，官至甘肃、福建、安徽、闽浙按察使、布政使、兵部侍郎、巡抚、总督，诰受资政大夫；父亲李鸿藻，两代帝师，同治、光绪年间的"清流派"领袖，先后历任五部尚书、协办大学士，是极具维新思想的晚清重臣之一。

李鸿藻

李石曾系李鸿藻第五子。他出

生那年（1881），父亲李鸿藻已经是62
岁高龄，因次子、三子早夭，老来又得
一子，欣喜之余，也便更多地把家族的
希望寄托在这个孩子身上。李鸿藻为儿
子们起名，似乎也寄托了一种光宗耀祖、
振兴家乡的情思。家乡高阳，隋唐时候
曾为瀛洲之地，所以，才有了儿子们兆
瀛、焜瀛、煜瀛的名字。李石曾幼年好
学聪慧。据《民国李石曾先生煜瀛年谱》
中记载：民国前二十九年——清光绪九
年（西历一八八三年）五月（三岁）。先
生随侍文正公入宫觐见慈禧，跪拜进退，
皆能中节，慈禧大悦，抚先生顶曰：此
子将来定成大器。赏赐丰厚，一家引为
殊荣。由此，在京城以及高阳老家，便
一直流传着幼童李石曾颇具演绎色彩的
一个故事：慈禧太后对李鸿藻天性聪颖
的小儿子甚是喜欢，便特别嘱咐李鸿藻

李鸿藻书联

把他带进宫里来。见后，慈禧随口出联："高阳县顽童六岁。"在场人
都紧张起来，谁知李石曾抱拳扬颏，脱口而出："北京城天子万年。"
从这以后也便有了慈禧抚顶赞许，赐一品荫生，当场认作干儿子的一段
佳话。

此时，正处大清王朝急剧衰落的关口，在李鸿藻的潜意识里，已经
感到未来必将有一场巨大的变革。所以，对李石曾的启蒙和国学教育，除
家学濡染之外，家塾教育聘请了以贯通中西学术而著称的齐禊亭先生。

【链接】

齐禊亭（1848—1911），名令辰，号子谷，直隶高阳人。

1875年乡试中举，入保定莲池书院，受业于张裕钊。1892年晋进
士，补户部主事。

1895年，由礼部尚书李鸿藻聘为其子李石曾家庭教席，取半书院

半私塾之法，教导李石曾国文及数理化等新学知识，讲授时政、介绍"孙文革命"学说等。齐禊亭的新学思想对李石曾日后世界观的形成影响颇深。

齐禊亭有三儿，名竺山、如山、寿山，皆幼承家学，此后就学于京师同文馆，并先后赴欧留学，均为留法勤工俭学运动的组织者和参与者。

齐禊亭主张"教育救国"，一生淡泊官场利禄。1900年八国联军攻占北京，遇变后的齐禊亭更无意于宦途，虽按例应改直隶任职而终未履任。1911年时禊亭病甚笃，仍关注时局变化。民国成立前，他抱病赋诗数首，以表达其求变、求新之夙愿。

1911年在北京逝世。

著有《三字经简注》等。

李石曾文集

齐禊亭的新学思想和李鸿藻家庭的"文化沙龙"环境对李石曾的思想影响极深。《李石曾先生文集》中有这样记述："……吾父为我新思想之启发者，……家庭教育中，父之言行'反官僚'时常不知不觉地流露，或无意识潜意识地表现出来。父亲为人忠厚温和，惟对做官者之钻营，深恶痛绝，谓为'钻狗洞'等等。我在不知不觉中受了这种影响，已种下不做官的根苗。""在家塾教育中，……新学著名的齐禊亭先生，以致导我到革命思想与世界思想的途径。""父亲助我为新世纪革命之人，当然是无意的，或潜意识的；禊师则可谓意识的开始，全意识的究竟。"在齐禊亭的教诲下，李石曾所学与之长进，堪能安慰老父亲的一片痴心。

1897年，李鸿藻病逝。兄弟几人扶灵柩回乡安葬，李石曾第一次来到了他祖上的发祥之地——高阳县庞口村。

庞口村祖宅年久失修，1892年李鸿藻买下了高阳城内东街的一块地皮，在故乡建起了一套新居。原以为可以在这里颐养天年，没想到却成了老夫子的停灵之所。这是一处坐北朝南的两进庭院，中间是穿堂客厅；后院北屋是正房，两边是耳房；前后两院均配有东西厢房；临街是门楼，为脊顶木架结构，仿照北京四合院建筑，很是壮观。按照习俗，李石曾兄弟为父亲守孝，都应该安静地住在这里，但李石曾却是更多地跑到老家乡下，信马由缰。

在将近一年的时间里，李石曾接触到了民间的地方戏"老调梆子"和家乡特有的"北方昆曲"，交往了一些晴耕雨读的农村后生，还迷恋上了乡间传统的手工豆腐……

【史海钩沉】

北方昆曲，简称"北昆"，约有一百余年历史，是我国古老戏曲昆腔的一个分支，与南昆同源而异流。

北昆主要流行于北京、天津、河北中部（今雄安新区及高阳县一带），由于长期与弋腔（高腔）同台演出，逐渐形成了独有的艺术特点。北昆的唱、白基本上用北方语

北方昆曲代表人物韩世昌（左）与梅兰芳

音，具有开朗、豪迈、粗犷的艺术风格。因过去的艺人多为高阳人，故又称"高阳昆曲"。

1917年由高阳艺人王益友、韩世昌、侯益隆、陶显庭等组成"荣庆社"到北京演出，很受观众喜欢。自此，北方昆曲在社会上影响剧增，韩世昌也获得很高的声誉。

从吃穿用度、耕作操劳，到经商务工，这个久居京城、衣食无忧的官宦世家子弟，第一次，然而很耐心、深入地做了一番触及心灵的考

保定

察。

这就是中国的农村——几千年延续下来带着锔子的陶罐，还在盛着米面，被小心呵护着；

这就是中国的农民—— 一脸的菜色，油脂麻花的绕腰棉裤，冬闲了只能靠在墙根晒太阳；

这就是中国的乡间路——深深的车辙，和吱吱呀呀的木轮子大车上，老人、孩子无神的对视着；

这就是父老乡亲们——遇事就去烧香求佛，大多文盲，怀揣着家书到处求人给念念；

……

这一切，触动了这位养尊处优的相国公子，他接济乡亲就花去了近千个大洋。人们感谢他，想知道他是谁，李石曾倒总是感觉很亏欠别人的样子说："知道我叫李老五，就行了。"

家族的荣耀，延传给了李石曾积极进取、不辱门庭的性格，深厚的文化学养预示了李石曾不平凡的未来；而对于平民大众的关注，引发了他太多太多民族前途的思考；接下来的王朝崩圮和家国衰落，又使得李石曾陷入了空前的绝望……这些，对他日后的那种叛逆、倔强性格的形成，起到了煅烧和淬火的作用。

1900 年，八国联军血洗北京城，让新婚不久的李石曾再一次地深深体会到了国弱民穷的切肤之痛。他骑着瞎了一只眼的老马，护送着家人逃难一路南行。他们忐忑慌乱地逃回到老家高阳。不料，高阳县城被义和团占据。于是，不得不带领家人一路向西，在曲阳县小住后，逃亡到河南光州才安顿下来。

一路的惊心动魄，伴随着一路的痛苦思考。李石曾最终告别了家人，只身打马北归。在北京，他亲闻亲历八国联军的奸掳焚杀后的满目疮痍，倍感凄凉。这对自幼生活在温柔富贵之家的李石曾，意味着什么呢？他很迷茫，在不断地挣扎和寻觅，不知道往哪里去。当时人们把出国叫出洋，李石曾也想到海的那一边去看看。他来到天津贤良祠找到了正在忙于跟西方列强谈判的李鸿章，李鸿章询问了一些家里的近况，甚为感慨，然后问："世侄打算做什么？"李石曾说："我要出洋留学，学军事，强我华夏！"这位中堂大人不由得眼前一亮，他对同僚的孩子能有如此胆识情不自禁竖起了大拇指。接下来的一切就顺理成章。

1902年，大清王朝第一任驻法公使孙宝琦赴任，在李鸿章的推荐下，贵胄公子李石曾、巨贾张静江等作为随员一同赴法。

【链接】

孙宝琦

孙宝琦（1867—1931），字幕韩，晚年署名孟晋老人，浙江杭州人。晚清重臣，民国时期外交家。

1902年，孙宝琦出任驻法公使，后兼任驻西班牙公使。在欧期间，他用心考察列强政情，参观兵工厂，思想日趋维新。1904年，他上书清廷，倡言立宪，成为清朝大臣中第一个明确提出"立宪"的人。1905年孙宝琦归国，即署理顺天府尹。1907年任驻德公使。

1913年至1924年，先后任北京政府外交总长兼代国务总理、民国政府国务总理兼任外交委员会委员长。任内与苏联建立外交关系。1926年任中法大学董事长，1927年3月辞职退出政坛。

1931年在上海病逝，享年65岁。

李石曾到法国后，并未进入军事学院，而是先后进入了蒙达尔纪农业学校和巴斯德农学院学习。是什么原因使他放弃了习军的初衷呢？在《李石曾先生文集·扩武自述》中他说道：到法国后见军校学生着制服，丰彩可观，一时意念之幻想，拟习军而达革命之愿望，但并未以深思远虑及于种切：如兴趣体力能力等等。稍迟日月，有参观巴黎农业展览会陈列周详博雅动人之良好机会，心喜逾恒，乃有习农之意。可见，李石曾到法国后决定改习军为习农，既有体能等方面的原因，也应该是兴趣使然。

【史海钩沉】

巴黎以南约一百公里的水城蒙达尔纪（Montargis）。这个地方之所

第二集 李石曾·奔波者与筑路人

以著名，除了是因其风光秀丽、小桥流水人家的缘故外，还因为这里是20世纪20年代中国留学生勤工俭学非常集中的地方。

蒙达尔纪旧城

在蒙达尔纪不仅有李石曾、蔡元培等人曾经在此居留和学习，也有许多后来成为新中国重要领导人的勤工俭学生在这里学习和劳动过，他们当中有邓小平、李富春、陈毅、蔡畅、李维汉等，还有一大批革命先烈，有赵世炎、蔡和森、向警予、陈延年、陈乔年、刘伯坚、王若飞等。

2001年定居在蒙达尔纪的中国留法学者创立了"法中友好协会"，华人王培文博士担任协会主席。同年，该会与北京中国革命博物馆合作，在蒙达尔纪举办了"纪念20年代留法勤工俭学运动展览"。据当地报纸《加蒂内人报》记叙：我们应该感谢李煜瀛先生为我们城市作出的贡献，……为我们的城市增添了许多生动别致且出乎意料的魅力。

1906年，李石曾在巴斯德农学院贝特朗教授指导下，研究生物化学。此间，他在法国巴黎创办了"大豆化验所"，特别注重了对大豆的研究，并颇有心得。他认为：中国地大物博，宜于农品制造者最广，诸品物中，大豆尤殊特，故必成专门工艺无疑也，……中国大豆工艺发端已早，制品已佳。……惟科学未明，艺术未精，故未能脱于微小粗浅之工作，亦未能尽豆性之所长。同年，他代表中国出席在巴黎召开的万国食品博览会，并介绍了他关于豆乳研究的成果。

巴黎万国食品博览会上的中国豆制品

1907 年，李石曾完成了题目为《大豆的研究》的毕业论文，并作为专著在法国出版。这时候，李石曾考察了当时的法国社会，尤其是考察了法国人的饮食结构后，在"大豆化验所"的基础上，由国内家乡招录豆制品技工，创办了一家巴黎"中国豆腐公司"。

或许是为了提高来自家乡工人的工作技能，或许是为了使这些"泥腿子"们摒弃落后的生活习俗，或许二者兼而有之，李石曾仿照故乡高阳农村夜校的形式，在"中国豆腐公司"开设起了"工余课堂"。

这一似乎偶然的做法，却适应了潮流，实现了一种历史性的突破。一个公司，一个想法，竟然成为了"留法勤工俭学"运动的微妙起点。

李石曾为学生蔡无出具的担保函

1921 年 3 月，周恩来在《留法勤工俭学之波澜》一文中，对李石曾的做法给予了这样的评述：李氏之意，以为同一做工，与其在国内勤工终日，仅得一饱，毫无生趣，莫若出国做工，其利有八：（一）出国可以得普通知识，放大其固有之窄小眼光，开展其闭塞心理；（二）入工厂做工可渐习机械的运用与科学的技能；（三）与法工人常处，可习其团体生活组织能力；……（七）借此机会，可施以相当教育；（八）因其外国文之需要与知识欲的兴起，渐有求学的倾向。

几年后，当李石曾意识到工与学能够如此完美地结合在一起，并且可以让千千万万的中国学子，无论贫贱、官民，都可以走出国门，用自己的劳动成就学业，然后报效自己国家的那一刻，便踌躇满志起来。

于是，他开始了将近 10 年的奔波。从巴黎中国豆腐公司的"兼学""俭学"到"勤工俭学"，苦心孤诣，殚精竭虑；从"俭学会""留法勤工俭学会"到"华法教育会"，奔走呼号，倾心操持；从高阳布里村的"留法工艺学校"、保定育德中学的"留法高等工艺预备班"到直隶公立农业专门学校的"留法农业勤工俭学班"，一路倡导，乐此不疲。李石曾的足迹由法国折回中国，从保定辐射至北京、上海等地，开辟和构筑起了一条连接东方古国到泰西欧洲的勤工俭学之路。

天高任鸟飞，海阔凭鱼跃。李石曾到法国后，第一次接触到了西方各种思想流派，结识了当时在海外的蔡元培、吴稚晖等有志之士；由张静江介绍结识了孙中山，1906 年加入中国同盟会。游走于海外的几年中，19 世纪下半叶法国大革命带来的科学与民主的社会氛围，平等与自由思潮的影响，以及创办实业的锤炼、探求教育救国的践行，使李石曾蝉蜕一般完成了从一个贵胄子弟到革命者的嬗变。民国《高阳县志》记载：李先生身为华胄绝无贵介气，壮年遨游法国留居多年。西方学识业悉精奥，与中山先生为老友，最富革命思想。

李石曾题词"互助"

李石曾初到法国，首先吸引他的是无政府主义，他将克鲁泡特金的《互助论》翻译成中文，在《新世纪》杂志上发表。《互助论》是无政府主义的代表著作，其核心思想认为，"互助"是生物的本能，"互助法则"是一切生物包括人类在内的进化法则，主张"以互助自由联合"的方式，来建立一个所谓"以共产主义和平等权利为基础的社会"。这个社会是"没有国家，没有政府，也没有人支配人的权力"。

李石曾虽然对无政府主义很是赏识，但却不是一个纯粹的无政府主义者。他早年加入同盟会，对发生在中国近现代历史中的重大事件，均有着鲜明的政治立场和思想倾向。尽管如此，"互助论"对其影响确实很大，以至成为了他后来倡导、组织留法勤工俭学运动的思想基础。他宣扬"社会发展"是"协助生存的结果"。认为"我们只要搞教育，宣传互助合作，传播这种美丽的理想，努力去感化别人就好"。甚至认为教育是积微成著的事业，只要让越来越多的人受到好的教育，社会就能发生根本性的变革。因此，帮助他人求学，互助进化，以进大同世界，就成为了他终生的理想。可见，李石曾倡导的互助和勤工俭学是实现其理想的一种实践、一个途径。

德国哲学家雅思贝尔斯说：什么是教育？教育就是一棵树摇动另一棵树，一朵云推动另一朵云，一个灵魂唤醒另一个灵魂。李石曾勤工俭学的教育理念，就是在这种摇动、推动、唤醒的实践中形成的。1923年，他在北京晨报发表的《教育谈》一文中，阐述了他勤工俭学思想的实质。他把辛亥革命后较有影响的教育观念划分为两个派别，即"以提倡为学问求学问"的主义学者派和"以主张职业教育"的实用派。而他自己则主张"欲兼求主义与艺能者"，是有别于前两个派别的第三派。他说：吾个人对于教育之观念，以为主义与艺能或学理与实用当兼全并重，必使全世界之农夫、艺匠皆有学者之知识思想，或即学者同有农夫、艺匠之功力，而终完全更代片面之职业与阶级，方足谓为教育之成功。今之治教育者必以此为方针，方足谓适当。……吾信此可行而为应行者。可见，李石曾勤工俭学思想的实质，认为"求学"不是少数人所独享的特权，主张做工者要求学，而求学者也要做工，工学应结合，知识与应用结合。通过工学结合的途径，消灭劳力与劳心的差别，

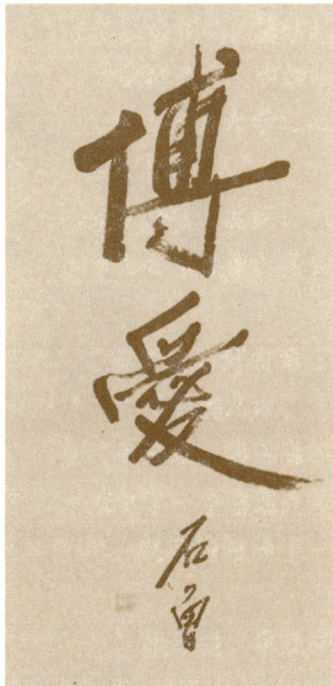

李石曾题词"博爱"

培养大批既懂得近代科学技术又具有"自由、平等、博爱"思想的救国人才，从而达到改造社会的目的。

有志者事竟成。从李石曾整个人生成就而言，我们不难领略到他作为开拓者、引领者的行事风格和人格魅力：

——他玩转了大豆，在法国巴黎开办中国豆腐公司，把古老的素美之食推介到了欧洲；他终身致力于中法文化交流。

——他发起了留法勤工俭学运动；他提议创建了故宫博物院，向世界推介中国的古老文明。

——他在瑞士创立了中国国际图书馆，并将家藏图书珍本数千册无私捐赠；他创办了世界书局，向国人普及科技发展成果、推介社会文明进步。

——他参与创办了中法实业银行、中国农工银行，打破了帝国主义对中国的金融垄断；他开启了中国农村现代化社会实验改良工程，在北京西山打造出了中国现代社会的"新桃花源"。

北京中法大学旧址

——他首倡中国实行"大学区制"，教育行政合一，为培养人才不遗余力；他创办了北平研究院，对中国自然科学研究领域的发展贡献颇丰；他先后担任过中法大学、北平师范大学校长；他开创的科教新风对现当代中国影响深远。

——他在抗战时期，多次在《中央日报》发表文章宣传抗战；他利用旅居法国的优势争取法国民间援华物资支持抗战；他一系列抗日爱国活动成为了其一生中最为闪光的部分，抗战胜利后荣获国民政府"嘉禾勋章"。

……

1972 年 10 月 13 日，李石曾病重期间，败退到台湾省的蒋介石、蒋经国颁布"褒扬令"，对他一生的贡献予以嘉奖。

中国历史发展到 20 世纪 30 年代，进入了一个全新时期，被一些史学家称作中国经济、社会、文化的"黄金十年"。毫无疑问，李石曾是近代中国"黄金十年"的重要推手。近些年来，中国文化知识界又流行一句品评民国时代文化现象的熟语"民国范儿"。一代文化大师被冠以"民国范儿"的称谓，成为学术自由、心灵狷介、著作等身的代名词。透过李石曾传奇的经历，我们不难发现：最著名的"民国范儿"集大成者，似乎非李石曾先生莫属。

李石曾的一生从表面上看，狂荡不羁，狷介耿直，明显带有一种强烈的叛逆精神。但是，纵观他生命和事业的轨迹，我们就会发现，这个狂荡的"官二代"血管里依然流淌着祖宗的血液，他的处事志向依然追随了他自己的家族性格。

他的狂荡，表现在了他的任性。他很少洗头，从不用毛巾擦脸；身上总是装着大蒜消毒，浑身一股子呛人蒜味；他喜欢泡温泉，不惜花大钱将温泉水运至自己的住处，最长的一次竟泡了十四个小时；他蓄发留须，深色西装，戴宽边呢帽，显然艺人形态；虽然他爱穿西服，却总在腰间系一条中式腰带，被他留学法国的好友称为"老怪物"；他在上海发起组织了"世界素食同道会"，会员们相约终生信奉"八不"，即不喝酒，不当官，不吃肉，不嫖娼，不娶姨

李石曾与第四任夫人田宝田

太太等；他的第三任和第四任妻子都小他 30 多岁，也从来不在乎别人去怎么说……

保定

关于李石曾的叛逆，还流传着这样一个故事：辛亥革命胜利的收官之举，是冯玉祥带领国民军将"宣统皇帝"驱离紫禁城。

【链接】

冯玉祥

冯玉祥（1882—1948），字焕章，原名基善，原籍安徽省巢县（今安徽巢湖市），生于直隶省保定府（今河北省保定市），中国国民革命军陆军一级上将，西北军阀。有"基督将军""倒戈将军""布衣将军"之称。

1911年辛亥革命爆发后参加滦州起义。1921年7月后任陕西督军。1924年发动北京政变，推翻直系军阀控制的北京政府，并将所部改称为国民军，任总司令兼第1军军长，电请孙中山北上主持大计。1926年在直奉联军进攻下通电辞职。1926年3月赴苏联考察，同年5月加入中国国民党。9月在绥远五原誓师，率领西北军出潼关参加北伐战争。1930年3月与阎锡山组成讨蒋联军，中原大战失败后隐居山西汾阳峪，后隐居泰山。1933年5月，在察哈尔组织民众抗日同盟军，任总司令。1935年任国民政府军事委员会副委员长。

1948年1月1日被选为民革常务委员和政治委员会主席。7月回国参加新政协会议筹备工作，9月1日因轮船失火遇难，终年66岁。

周恩来总理在悼念冯玉祥将军时称："冯玉祥将军是一位从旧军人转变而成的坚定的民主主义战士；虽然和所有的历史人物一样，由于政治视野的局限，在他身上不可避免地存在这样那样的缺陷，但是，瑕不掩瑜，冯玉祥将军对中国民主事业的贡献，将是永垂不朽的。"

当时冯玉祥的挚友高阳人孙岳荐举李石曾作为民间人士代表参加监理仪式，从某种意义上讲，李石曾是在亲自参与驱逐溥仪出宫，亲手把他父亲，也就是大清朝五部尚书、总理各国事务衙门大臣、谥号"文正"的晚清重臣李鸿藻所忠心耿耿维护的一代王朝送进坟墓。

孙岳（1878—1928），字禹行，直隶高阳县人。明朝兵部尚书孙承宗的第十世孙。逝世后被国民政府追认为陆军上将。

早年曾出家为僧。1904年考入保定武备学堂。1907年又入保定陆军行营军官学堂（陆军大学），同年加入同盟会，成为北方支部领导人之一。中华民国成立后，任陆军第十九师师长兼江西庐山垦牧督办。二次革命失败后遭通缉，流亡日本。回国后任第十五混成旅旅长兼大名镇守使、京畿警备副总司令。1924年与冯玉祥、胡景翼发动北京政变，后任国民军副司令兼国民军第三军军长、河南省长、陕西军务督办、直隶军务督办兼省长。1928年任国民政府军事委员会委员。

1928年在上海病逝，终年50岁。

孙　岳

溥仪出宫时，随护的大臣绍英见到李石曾，问：你是故相李文正公的公子，奈何相煎太急？而这个大清帝国的"干儿子"却骄傲地回答：此事非关私谊，我是代表四万万民众来敦促溥仪先生出宫的。接下来，李石曾参与接收和整理故宫内的所有物件。一年后，在故宫博物院开幕典礼上，李石曾自豪地宣布：从今天起，这个地方属于全体国人了！

绍英（1861—1925），字越千，满州镶黄旗人。

绍英之祖寅，历任盛京礼部侍郎、盛京将军、工部尚书等职。父宝，官兵部侍郎、山海关副都统。绍英于宣统间任度支部侍郎。辛亥革命后，为溥仪宫中的内务府大臣。溥仪在《我的前半生》一书中，把绍英称为"恭顺""出名的胆小怕事的人"，是伴随清廷走完最后一段路程的"遗老"之一。

绍　英

第二集　李石曾·奔波者与筑路人

绍英有记日记的习惯，一共写了 70 多本。2009 年，国家图书馆出版了《绍英日记》。该书包含许多珍稀史料，如庚子善后、出国考察、经费收支、溥仪退位、宣统大婚等，是研究清末民初历史的重要参考。

如果说，他的狂荡是性格使然，那么他的叛逆，却和他所受到的教育以及成长阅历关系至要。恰恰是他的叛逆，顺应了历史的发展潮流。

他不会忘记，父亲李鸿藻在临终前对自己讲的一席话：武官（李石曾乳名），你要记得先皇帝咸丰爷的一句话呀。那是他接见当年大战长毛的洋枪队时，队长华尔给皇上进献了一支步枪，皇帝爱不释手，抚摸着枪支说，真是灵捷之至也。这是什么意思？这是说世界的大势变啦，不能再墨守成规啦。你们这一代人要顺应潮流，逆不得呀。李石曾领悟了父亲临终前的训诲，传承了李氏家族以天下为担当的远大抱负。

李石曾曾说：我是不从事政治生涯的，政治上无论如何腐败，我可忍下。若有人破坏我的留学事业，反对我的教育运动，充其量我可以牺牲一己之性命以办事。这是他剖白心迹的肺腑之言，也是他委婉道出的年轻时就确定的"不做官"和"远离政治"的初衷。李石曾的求学时代，正是大清王朝走向堕落的时期。朝廷闭关锁国，使得泱泱大国饱受西方列强的欺凌；官场政治明争暗斗、尔虞我诈、贪腐成风；乡下的百姓，糠菜半年粮，遇到灾荒、饿殍遍野……他认准了，只有教育可以救中国。这也是走出国门以后，一个远行者，在路途上慢慢悟出的至理。

李石曾凭借父亲李鸿藻三朝阁老的余荫，完全可以衣食无虞，荣华富贵。但他没有像些许"官二代"一样养尊处优，更没有为谋求一官半职而去投机钻营，去"钻狗洞"。他毕生试图远离政治，但他的奇思妙想，他的大志笃行，他的所作所为，不是大都濡染了政治的味道吗？他信仰无政府主义，终生怀疑或回避共产主义……仅以他倾注身心倡导的留法勤工俭学运动而言，客观上却为中国共产党培养了一大批栋梁之材，这恐怕既有悖于李石曾的初衷，也是他始料不可及的。

毕竟，李石曾等倡导的留法勤工俭学运动，给了中华民族一次极为重要的机会。他的一生，崇高还是悲壮？历史自有评说。

1958 年，毛泽东在保定接见河北省委一班人，在座的有高阳籍省委秘书长尹哲。毛泽东以他一生未曾改变的习惯问起尹哲姓氏、家乡。

当毛泽东听说尹哲是高阳人时，立刻两眼炯炯有神，急切地说道：高阳我晓得，高阳出了个李石曾嘛，他搞的那个留法勤工俭学，为我们党培养了不少人才啊。毛泽东说完，深深吸了一口烟，目光邈远，情思连绵。他也许回想起了那些"恰同学少年，风华正茂"的岁月；想起了他初次进京，组织留法勤工俭学时"隆然高炕，大被同眠"的艰苦时日；想起了古城保定的第一客栈、古城墙、莲池书院……还有那些在育德中学、高阳布里求学的新民学会同学们……

【史海钩沉】

上海市委统战部殷之俊先生，曾在《世纪》杂志（2007年第4期）上发表《毛泽东感谢李石曾》文章，文载：笔者2000年访美期间，在纽约认识一位八旬美籍华人张堃先生。张先生告诉笔者，他在抗日战争时期与邓小平有一段交往，1985年11月25日他应邓小平邀请到中国访问，12月23日访问石家庄，受到河北省政协主席尹哲等领导的盛情款待。宴请时，尹哲得知张堃担任过李石曾的秘书，而自己又是李石曾的同乡，两人交谈十分投机。尹哲告诉张堃他曾经担任过河北省委秘书长，毛泽东到河北视察时，亲口对他说过"李石曾先生以前培养一批法国勤工俭学生人才，真是对我们新中国建立帮助很大，不然新中国支撑不起来"，此番话体现了毛泽东对李石曾的感谢与尊敬。

1973年，临终前的李石曾对他身边的工作人员和家人说：生于乱世，遭逢辛苦，我只是一颗大豆，给社会奉送营养而已。我做得还很不够哇。我一生无私产，所剩下的钱财，你们要替我回一趟老家，接济一下乡亲们，也好照顾他们的生活吧……

这就是一个多彩人生的李石曾。

这就是中国近现代历史上，抹不掉绕不过的李石曾。

他在人生起步之时，官场之外，以自己的不世之才，掀起了一场"前无古人，后无来者"的留法勤工俭学运动。用家财、用智识，更是用自己的心血，奔波着，抛洒着，筑起了一条光明的世纪之路。

第三集　豆腐公司·
　　　风起于青萍之末

DOUFUGONGSI

李鸿藻故居

1897 年，清廷重臣、"清流派"领袖李鸿藻病逝。

坐落于高阳城内东街李氏大宅，竣工都好多年了，就那么闲着，这会儿却成为了老先生的停灵之所。时在初冬，灵棚高展、唢呐凄凉。由于两个长兄亡故、四兄焜瀛木讷，16 岁的李石曾，便不得不奔波张罗老父的丧葬事宜。七七四十九天下来，家人大都回京城了，李石曾却留了下来，继续守孝，不时地到乡间随便走走。

巴黎中国豆腐公司

这是李石曾第一次回到故乡高阳。喜欢上豆腐，也就是从这时候开始的，并逐渐放弃了肉食。他没有想到，老家的豆腐竟是这样神奇，所有人都喜欢吃，热腾腾的大锅炖豆腐，乡村味道，奇美无比。开吊后十几天的丧事办下来，酬工待客，竟然吃掉了近两千斤的大豆，有一部分还是从山东的德州雇脚夫拉回来的。

在高阳，不管是婚嫁丧葬、拜师钱行、起房置地，还是犒劳兵吏，都离不开豆腐为主的吃食。常年里，能够经常吃上豆腐的，必是小康之家。但春节到了，即便是很穷苦的人家，没钱称肉，也得做上一道豆腐，让阖家老小有滋有味地过个年，这便有了"二十四家家忙，又做豆腐又扫房"的腊月歌谣。

中国人饭桌上的精美素食——豆腐，相传是西汉淮南王刘安所发明。历经了2000多年的积淀传承，已经被中国人吃成了一种文化。

——豆腐席面儿，在高阳，即便在保定所有的地方，都是一种拿得出手的待客之宴席……

——豆腐食品在民间的吃法很多，首先是豆浆，老少咸宜，或稍加点制，便成为豆腐脑……

——豆腐的制作工艺很是讲究，不同的师傅、不同的手法，做出的豆腐色泽和味道以及口感是不尽相同的……

——……

有好吟者曾作《豆腐赋》，赞誉道：

嗟夫！中华豆腐，承国粹之深沉，蕴文明之厚重。只向高洁求存，不以五彩争胜。风尘不就，类清冰在于玉壶；岱岳难移，似丹珠存乎石磐。品胜白莲，出淤泥而不染；神欺碧玉，瘗寒山而淡定。清白自守，松挂壁于巉岩；里外同心，菊隐匿于三径。尔其营养起自天然，原则来乎本性。禀规矩而晶莹，循天理而方正。鄙浮华之茫茫，慕丹心之耿耿。木秀于林，何惧风吹；麻生蓬中，心安理正。何羡于庙堂，更笑于市井……

怪人怪癖。年轻的李石曾忽然间就对豆腐产生了极大的兴趣，不光是吃，还由此生出了许多奇特的疑问和想法。谁发明的这种食品？全世界都有哪些吃法？怎么京城的豆腐不如高阳老家的豆腐好吃呢？真的跟水土有关系吗？在京城开上一家高阳豆腐店不是能发财吗……这些，也正好为他这位贵胄之后、志在报国之人，后来留学法国专事研究大豆、宣扬豆制品、开办巴黎豆腐公司留下了一个合乎情理的注脚。

1902年，李石曾赴法经上海候船时，特意拜访了父亲李鸿藻的得意门生吴稚晖，二人虽初次谋面，却谈得非常投机。

【链接】

吴稚晖（1865—1953），名朓，字稚晖，江苏阳湖县人（今武进县）。政治家、教育家、书法家，中央研究院院士，一生追随国民革命却一生不入官场。

1898年吴稚晖到上海南洋公学任教，响应变法，推行新式教育。1903年，吴稚晖抵达英国，他在英国为当地中国留学生排忧解难，在留学生中声望很高。1905年，孙中山赴欧洲，在伦敦拜访了吴稚晖，这是两位革命家相见之始。同年，吴稚晖在伦敦加盟同盟会。1907年，他与张静江、李石曾在巴黎组织世界社，发行刊物《新世纪》，组织筹谋留法勤工俭学运动。
1926年，国共合作的
北伐战争开始，在北
伐誓师大会上，年过
花甲的吴稚晖将孙中
山的遗像和党旗国旗
授给时任北伐军总司
令的蒋介石，并致辞
激励全体将士。

1909年孙中山（左一）在伦敦与吴稚晖父子合影

1953年10月30日吴稚晖病逝于台北，享年88岁。

吴稚晖说：这一次你们去法国，机会难得，以后最好能帮助国内青年也多有去法国的机会，以便吸取西洋知识，为国家造就人才，而且人越多越好。到国外吸取新知识，人不厌其多，但也需有人引荐。你们此去，等于打个先锋。吴又幽默地补充说：出去的人越多越好，就算他们学不到什么，只学得改良茅厕，也是值得的。李石曾还是第一次听到这样的见解，极为钦佩。这次会晤，对他以后寻觅契机、开办豆腐公司、倡导留法勤工俭学，产生了很重要的启示。

到法国后，李石曾走进了蒙达尔纪农业学校。也许是潜意识里的"豆腐情结"太重，吃不上豆腐的他就更加想念老家的豆腐。3年后以全校第4名优异成绩毕业的李石曾，居然在课外读遍了学校图书馆所有关于"大豆"的书稿和讲义，还写下了几万字的读书笔记。

《大豆》中文版、法文版

1906年，农校毕业后，李石曾进入巴黎巴斯德学院学习生物化学，继续研究大豆。在贝特朗教授指导下，把一篇叫作《大豆》的毕业论文写得花枝锦绣，博得了称赞。这篇论文里，着重介绍了中国的豆腐以及相关的豆制品，从食材大豆到豆腐生产工艺、从物理现象到化学变化，生生地把东方古国做了几千年的豆腐，升华到了理论与学术的高度，并提出了工厂化机器生产的设想。正是这部学术专著，确立了他在东西方生物化学研究领域的地位。

李石曾这位素食主义者，身在法国已近6年，就越发地想念家乡的豆腐了。接下来，在巴黎西北郊的戈隆勃，占地五亩，建厂房四座，"中国豆腐公司"应运而生。

1910年，巴黎"中国豆腐公司"向清政府农工商部申请注册和专利，该部批示：

农工商部准予注册，并咨行驻法大臣妥为保护。专利一节，以化学发明新理，自与寻常商业不同，一并照准。先予立案，俟订定专利章程，再行颁给凭照。

与此同时，豆腐公司还向欧美诸大国政府有关部门申请专利，均获批准，并分别发给15至20年的专利证书。这在当时西方科技与洋货如潮水般涌入国内的背景下，由中国企业在西方发达国家申报专利，可以说是极为少见的一例。

自此，便揭开了勤工俭学运动一幕幕精彩的传奇……

如果说，李石曾留学法国，似乎违背初衷地学习了农学专业，但他取得的成就却是骄人的，也应了中国的一句俗话——"歪打正着"。而这一次的开办豆腐公司，竟成为了留法勤工俭学运动的一个起点，从而影响和改变了20世纪中国的历史进程。对于李石曾来说，也许又应了一句老话——"始料不及"。

1908年春天，留学6年的李石曾第一次回到了国内。目的只有一个，带着高阳老家的人去法国，做中国人自己的豆腐。为了确保成功，李石曾首先找到了齐竺山，恳请其远赴巴黎，去帮助打理中国人在法国开办的第一个"豆腐公司"。这不只是因为齐竺山是发小、亲戚和学业上的同好，也不只是因为他是恩师齐禊亭的长子和高阳老乡，最重要的是，通过信件往来，两个人的友谊不断加深。在某种程度上，齐竺山参与了李石曾关于大豆的研究，而且给予了积极热情的支持。

齐竺山不仅接受了李石曾的邀约，并立即进入了角色。他联系到在北京的高阳布里村老乡段子均，一同去高阳招录制作豆腐的技术工人。

【链接】

段宗林

段宗林（1880—1982），字子均，河北高阳县人。生于高阳士绅家庭，系高阳鸿儒齐禊亭之内侄。自幼聪慧，学业精进。1908 年由李石曾介绍加入同盟会，为同盟会京冀地区重要成员。

段子均曾参加由同盟会组织的刺杀宗社党大臣良弼、暗杀袁世凯（未成功）等一系列革命活动。之后，参加了"二次讨袁"。失败后隐遁故里。

1917 年任北京大学庶务科长。1924 年任国民革命军第三军少将高参，参与了"北京政变"和"驱逐末帝溥仪出宫"等重大历史事件。1908 年，协助李石曾和齐竺山，在高阳布里村先后办起了"豆食工艺讲习所""留法工艺学校"。为筹措资金，卖掉了自家的香油坊和十二亩良田，筹划了梅兰芳、韩世昌等戏曲名伶义演捐款活动。

抗战期间，他潜卧京城，为抗日前线将士秘密输送所需物资。1948 年任"国大代表"，为北平和平解放做出了特殊贡献。

解放后，段子均任中央文史馆馆员。

1982 年逝世于北京，享年 102 岁。

谁知，想不到的难处在等着他们。本来具备闯天下意识的高阳人，这会儿一提起要走西洋，尤其要到法国去，却纷纷摇头了。

诚然，儒家思想所倡导的"父母在不远游，游必有方"古训，毕竟还深深地根植于百姓的内心深处，而庚子年间洋人侵略者留给百姓的残酷记忆依然犹存。1900 年 8 月，八国联军攻占北京，两个月后，英、法、德、意四国军队便占领保定。而后，占领军将护理总督、布政使廷雍、守尉奎恒、参将王占魁押至直隶总督署大堂，用《大清律例》进行审判，当庭判处 3 人死刑，并且特意选择在保定郊外的凤凰台斩首。在此期间，高阳和清苑地方还发生了法国传教士疯狂报复义和团的血腥事件。两年后，袁世凯接任北洋大臣、直隶总督，或许是因为忌讳此

第三集 豆腐公司·风起于青萍之末

保定

事，选择了在高阳的县衙接下了总督的大印。所以，听说要到洋人国度去做工，对有着朴素民族情怀的百姓来说，是一道难以开释的心结。

挠了头的李石曾在保定南大街澡堂子的热水里整整泡了一天，然后雇用车辆，和段子均一起赶到了高阳布里村。李石曾针对乡亲们的顾虑，在段家的炕头上跟人们讲起了法国的大革命、工业文明以及法兰西民众对于东方文化的赞赏，还说到他自己在法国的六年留学生涯以及豆腐公司的美好前景。他痛恨八国联军入侵中国，但也为偌大一个中国愚昧、羸弱的现实扼腕……望着人们疑惑的眼神，他坚毅地说："中华民族要强壮起来，要有胆量去作为，走出去，学技术、商贸挣钱。在法国，还有我们中国的钦差大臣、外交公使，能够保护我们这些中国人……"

几天时间下来，打消了一些人的顾虑，于是报名参加培训的多达几十人。

李石曾和段子均公布了招工简章：先订合同，为期四年，对愿意赴法之人，先发数额不菲的安家费、服装费，赴法路费也由豆腐公司解决。同时，在布里村开办一个"豆食工艺讲习所"。

这一天，布里村东头乡绅段宗桂家门前人头攒动，在段宗桂的指挥下，几十个精壮小伙正聚集在一起，参加一次特殊的考试。主考官头戴礼帽，身穿礼服，留着漂亮的八字胡须，一口京腔里面夹杂着几句法语。他就是从法国留学回来的李石曾。李石曾设计的考题很简单，在打麦场上先树好两根木桩，中间隔开三十米的距离，参加考试的年轻人要手提两个装满土的篮子绕木桩一圈，方称体能合格。

李石曾

布里村的一个矮个小伙儿叫段润波，李石曾看着他故意开起了玩笑：就凭着你这小嘎嘣豆，也想去巴黎做工？没想却得到了倔强的回答：金刚钻能锅大瓷盏！考试完后，他觉得自己顶撞了李石曾先生，肯定会榜上无名。然而，李石曾却说：一定要录取这个小个子，他敢顶撞我，到了法国，准是一把做工的好手！

在周边人们的好奇与议论中，段子均家的香油坊被改造成了豆腐作坊，很快，"豆食工艺讲习所"在高阳布里村建立起来。参加培训的都是家乡做豆腐的高手，什么破料、推磨、吊包、点卤等都不在话下，且操作熟练，手脚麻利。但是，豆食工艺讲习所却把重点放在了场地消毒、个人卫生、设备清洁等方面，并要求十分严格，甚至到了苛刻的地步。段宗桂十分尽责，每天亲自监督工人们剪指甲、洗脚、剃头发，这使得布里"豆食工艺讲习所"一开始就有了不同于当地乡土豆腐作坊的气质与标准。

半年后，李石曾和齐竺山带上布里"豆食工艺讲习所"严格选拔的 5 名技师，远涉重洋，踏上奔赴法国做工的漫长旅程。而后的几年中，陆续有 4 批 68 人赴法，人数虽然不多，亦名不见经传，但他们第一次用迈出国门的脚步，丈量了最早到达法国的华工历史。高阳县由此赢得了"华工之乡"的美誉。

法国人原本是喜欢喝牛奶的，对豆腐、豆浆之类的豆制品开始并不习惯。李石曾很注重对豆制品的宣传和推广，他在《豆腐为 20 世纪全世界之大工艺》一文中，极力推崇以豆制品替代牛乳食品：中国之豆腐为食品之极良者，其性滋补，其价廉，其制造之法纯本乎科学。西人之牛乳与乳膏，皆为最普及之食品；中国之豆浆与豆腐亦为极普及之食品。就化学与生物化学之观之，豆腐与乳质无异，故不难以豆质代乳质也。且乳来自动物，其中多传染病之种子；而豆浆与豆腐，价较廉数倍或数十倍，无伪作，且无传染病之患。由于从专业学术角度阐述豆制食品的健康理念，法国人很容易接受。恰逢 1911 年后，法国处在第一次世界大战爆发的前夜，社会动荡，危机四伏，粮食极端缺乏，牛奶供应出现了严重不足的情形。李石曾的豆制品便逐渐为法国人所接受并大受青睐，成为了巴黎地区的抢手货，豆腐公司也因此有了雄厚的资金积累。

1909 年 6 月，孙中山来到法国，在参观了巴黎的豆腐公司之后，对李石曾的创业志趣倍加赞赏。《孙文学说》记述：

吾友李石曾留学法国……，以研究农学而注意大豆，以兴开"万国乳会"而主张豆食代肉食，远行化学诸家之理，近应素食卫生之需，此巴黎中国豆腐公司之所由起也。

据史料记载：李石曾加入了同盟会后的几年中，为孙中山提供了大量的资金支持。当孙中山急需资金支持时，通常都是拍电报给在法国的同志李石曾、张静江，电文显示的 A、B、C，就是指需要款项的数额，即一万、两万、三万。

【链接】

张静江（1877—1950），谱名增澄，名人杰，安徽休宁人（今徽州）。出身江南丝商巨贾之家。他的一生充满了传奇色彩，被称为现代"吕不韦"。毛泽东称他是"有经济眼光"的人。孙中山和蒋介石均与他有着非同寻常的关系，孙中山称之为"革命圣人"，而蒋介石则称之为革命"导师"。

张静江与家人

1901 年，其父张宝善以银 10 万两为张静江捐得江苏二品候补道衔。次年，任一等参赞随驻法公使孙宝琦赴法。在法国结识孙中山后加入同盟会，并为同盟会提供活动经费。先后任国民党第二届中央监察委员、国共两党联席会国民党代表、国民党中央执行委员会常委会主席、南京国民政府建设委员会主席、国立北平故宫博物院理事、民国浙江省政府主席。

张静江晚年逐渐淡出政治，转而信佛，故又名卧禅。

1950 年病逝于纽约。

最初来到巴黎"中国豆腐公司"的保定人，大多是高阳县和邻县清苑等农村的一些泥腿子、庄稼汉。他们不仅把中国农民吃苦耐劳、诚实勤奋的品质和中国传统的民间文化，像京剧、昆曲，书法、象棋、捏泥人等技艺带到了巴黎，并引起了当地民众的好奇和关注。同时，也把玩牌九、押宝、掷骰子的赌博恶习带到了异国他乡，而且还传授给了一些法国的工友。

李石曾在交往过程中，对这些来自家乡农村的后生们有了更深入的了解，他们虽然是制作豆腐的能手，但文化水平低，且在异国他乡多有感情上的苦闷和精神的无处寄托。如何使他们安下心来，尽快融入现代文明的法兰西国度，李石曾着实费了心思。他曾鼓励这些华工在法国成家立业，并到处委托当地人做红娘，成全了不少的异国婚姻。

在劝导工人们远离赌博的问题上，他劝赌的方式很有特点。据一位归国的高阳老华工讲述：一次，李石曾来到华工宿舍，工人们正在玩牌九，也便凑过去玩了几把，然后问，你们只知道玩牌九，但你们晓得牌九是谁发明的吗？大伙都说不知道，李石曾讲述了古时候孙膑发明牌九，和被自己的同门师弟庞涓陷害、兄弟相欺、手足相残的故事。当工人听得入神时，他话锋一转，听说有的工友一次玩牌九竟然输掉一个月的工资，这也是变相的兄弟相残啊。咱们是穷苦工人，得讲互助，讲勤俭，讲惜财，聚沙成塔、集腋成裘，才能过上好日子，才对得起家乡挂念着咱们的父老兄弟呀！

李石曾不愧是个教育家。为了使这些工人彻底戒除赌博恶习，也为了这些人的前途着想，他跟齐竺山商量后决定，仿照高阳农村"半夜学堂"的做法，在豆腐公司开办起"工余课堂"。此时，李石曾有了更深的想法：经他手带出来的这些工人，不能叫他们做一辈子工。学了文化，也许能更好地融入西方的文明社会，或许还会有更深的造化……

李石曾亲自编写课本并登台讲课。要求工人们每晚学习两个小时的法文、国文、化学、卫生、修身等课程，大力倡导文明风尚，规定不许吸烟、酗酒及赌博等。通过工余课堂的学习，"尚俭乐学"之风在工人中逐渐形成。

李石曾为华工讲课

据陈三井《旅欧教育运动》一书记述：工人同宿同食，略如校中共同生活之组织，……工作之余，从事习课，于中法文及普通科，皆所讲习，亦旅法华工教育之起点也。

1915年，"倒袁运动"失败，蔡元培为了躲避缉查，远赴法国，就住在巴黎的豆腐公司，一边研究学问，一边帮助李石曾和齐竺山打理豆腐公司。在这段时间里，一代大儒蔡元培居然放下了身架，白天进车间跟工人们一起劳作，夜晚登上"工余课堂"讲台成为了先生。正是这样亲身的体验，使这个大学问家改变了原来惟书惟文的治学思想，逐渐接受了李石曾工学结合的教育观点。

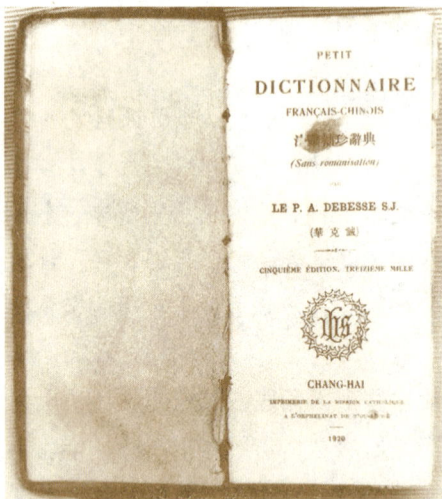

保定籍华工陈珍如用过的《法华袖珍辞典》

当时，给高阳豆腐公司"工余课堂"上过课的，还有吴玉章、吴稚晖、徐海帆、李书华等近代的教育大家或文化名人。以至于几十年后，当这些华工提起讲课的先生们，仍充满骄傲之情：我听过北大校长蔡元培、教授李石曾等先生们讲的课，待遇比得上北京大学的高材生！

工余课堂的"以工兼学"，竟然很受欢迎，它不但使这些豆腐公司工人们充实了业余生活、驱走了孤苦寂寞，重要的是满足了这些昔日的庄稼汉们渴望读书的意愿，使他们逐步走上了文明生活、文化自新的光明之路。

一位原籍保定清苑县的华工名叫杨梦游，成为了巴黎华工夜校的首位响应者。他第一个走进了课堂，与高阳的华工齐致、张秀波、齐连登、李广安、曹福同、陈珍如等成为了最早的一批学员，并且持之以恒，常年不辍。而这位叫齐致——从高阳农村走出的普通华工，日后成为李石曾先生一生事业的得力助手，出任中国农工银行总经理。

此举，成为了旅法华工教育的起点，为一场声势浩大的勤工俭学运动，悄然拉开了序幕。

李石曾正是通过豆腐公司工人们"以工兼学"的实践，逐渐认识到这是一种使国内青年，以较低费用来法国求学的好办法。进而，他又提出"以勤工之积蓄，为求学之资本"的想法。在张允侯《留法勤工俭学运动》一书中这样记述：李石曾先生提倡并实行的"日间做工，夜间学课，或从事工作数年，法语渐熟科学智识已有基础，所储酬金亦有成数，彼时欲以全力求学可入专门学校"。其目的是鼓励工人中的有志求学者继续深造。

1911 年，李石曾回国参加辛亥革命。他看到了封建势力的猖獗和民智的低下，越发体会到：要想改变中国现状，必须发展教育。而留学是尽快学习西方文化，强国富民的极好方式。为了尽快在国内兴起赴法俭学之风，他不断向新成立的中华民国政府发出呼吁。

1912 年，李石曾、蔡元培等人在北京创办了留法俭学会。俭学会宗旨为："以勤俭费用，为推广留法之方法，以劳动朴素，养成勤洁之性质。"倡导用低廉的费用和苦学的精神达到留学的目的。此时，经"节俭"方式使更多的国

1913 年 5 月 30 日，第三班（第二批）勤工俭学学生赴法前合影，三排右三为李石曾、一排右一为吴稚晖。

内青年留学之事业成为了李石曾关注的焦点。陈三井在《旅欧教育运动》一书中记载，蔡元培对俭学会曾这样评价：……俭学会者，专以俭求学之主义者也。而其中有并匮于俭学之资格，乃兼工以济学。其与豆腐公司诸君，虽有偏重于学，及偏重于工之殊，而其为工学兼营则一也。到 1913 年秋，留法俭学会共向法国输送了百余名留学生。

留法俭学会的创立，奏响了留法勤工俭学运动的主旋律。

豆腐公司的工人业余求学活动取得的显著成果，大大超出了李石曾的预料。豆腐公司保定籍工人李广安、张秀波、齐云卿等，经过几年的"以工兼学"，有了一定的资本积累和技能后，联合创办了巴黎"地峡泊人造丝厂"，他们仿照豆腐公司的做法，也在厂内建起了夜校，组织工人进行"以工俭学"，并正式提出了"勤于工作，俭以求学"的主张。李石曾对之倍加赞赏。在这一主张启示下，1915 年 6 月，李石曾、

第三集 豆腐公司·风起于青萍之末

保定

蔡元培在巴黎发起成立了"勤工俭学会"，以"勤于工作，俭以求学，以进劳动者之智识"为宗旨，专门致力于华工教育，将留法勤工俭学运动推向了一个新的高度。

"勤工俭学会"的成立，标志着勤工俭学运动思想的基本形成。

至此，由巴黎中国豆腐公司缘起，从"兼学""俭学"进而到"勤工俭学"，为一场伟大运动的兴起铺设出了一条坚实的道路。而这些最初来自保定高阳的豆腐制作者，实际上成为了中国最早的勤工俭学实践者。

1912 年 11 月，第一班（第一批）勤工俭学学生赴法前合影。一排左一为俭学会组织者之一的齐如山。

今天，我们捧起这洁白的豆腐，禁不住浮想联翩。在那个年代，有志于改造中国的先辈们：

——吃着高阳豆腐，蔡和森在巴黎把《共产党宣言》，一句一句地翻译成了半通不通的中文，并屡次和国内的毛泽东书信讨论其主义宗旨。

——吃着高阳豆腐，周恩来怀揣《益世报》记者证，在巴黎的城市乡村、煤矿工厂穿梭采访。李立三、陈毅、聂荣臻、李富春、蔡畅等成了他亲密的战友，而盛成、徐悲鸿、李劼人、林风眠、任光等艺术家也成为了他终生的朋友。

【史海钩沉】

《益世报》是在中国的罗马公教（天主教）教会出版的时事综合性报纸。1915 年 10 月 10 日创刊于天津，创办人是比利时籍天主教传教士雷鸣远。《益世报》曾与《大公报》《民国日报》《申报》并称民国四大报。

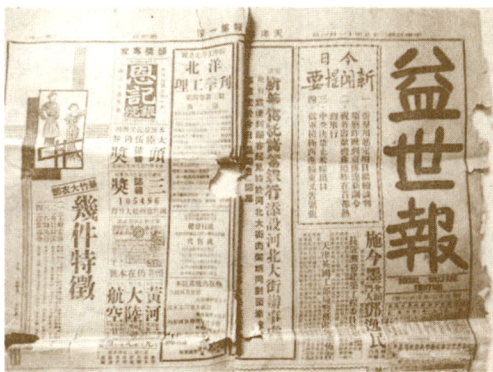

《益世报》

20 世纪 30 至 40 年代，《益世报》持守自由主义倾向，既反对国民党的黑暗统治，也不理解共产党的革命运动，政治倾向上在中间地带摇摆。但在抵抗帝国主义国家的侵略方面，则立场鲜明，反对外来侵略，捍卫国家主权，成为国内反抗日本军国主义侵华战争最有影响力的大报。

《益世报》留下了许多民国名流的妙手文章和往事钩沉。罗隆基、梁实秋、田汉、钱端升、张秀亚、范长江、张恨水、邓广铭……这些我们耳熟能详的名字，与《益世报》紧紧联系在一起。

1920 年，远赴法国勤工俭学的周恩来，受《益世报》的邀请，作为特约记者为该报撰写海外通讯，从遥远的欧洲为《益世报》写下了 56 篇海外通讯。

——吃着高阳豆腐，赵世炎成立了华工进步组织"劳动学会"，还和蔡和森、李维汉等人成立了"工学世界社"，这些，都成为了旅欧留

1920 年 12 月底，工学世界社在法国蒙达尔纪举行年会。图为与会者合影。
一排左四为蔡和森；三排右五为李维汉；四排右八为李富春。

法共产党早期组织的孵化器。

——吃着高阳豆腐，保定华工马志远，通过"俭学"考入法国索米格工业学校，同时在法国加入共产党。回国后积极领导抗日，为中华民族的解放事业，献出了宝贵的生命。

——吃着高阳豆腐，张汉文获得了"纺织学家"的美誉，把毛纺针织的经纬之线从西方牵回了中国，让中国纺织业从此真正踏上现代化的复兴之路。

【链接】

张汉文

张汉文（1902—1969），河北高阳县人。毛纺专家、纺织学教育家，中国纺织高等教育的奠基人之一。

始于清末民初的高阳织布业，闻名中国，这对他后来志向的选择产生了一定影响。1919年，时年仅17岁的张汉文，抱着"工业救国"的信念赴法国勤工俭学，遂在法国北方纺织工业中心的鲁贝工学院选学了纺织专业，后在鲁贝工学院染化系学习。

回国后，于1933年受聘于北平大学工学院，任纺织系教授兼系主任。1937年抗日战争爆发后，先后任西安临时大学、西北联合大学和国立西北工学院的纺织系教授兼系主任。其间，张汉文用了近两年时间，结合教学工作需要，编写出《毛纺学》《精梳毛纺学》《毛纺织厂设计》等中国最早的毛纺学高校教材。

新中国建立后，张汉文任北京市人民政府财经委员会委员、天津市纺织工业局副局长。是中国纺织工程学会第十五、十六届理事会理事。

1969年逝世，享年67岁。

著有：《精梳毛纺学（精梳工程）》《中国羊毛工业概况》《毛纺学（纺绩概论、环锭机、走锭机）》《毛纺学（梳毛工程）》等。

——吃着高阳豆腐，李金发写出了另类的汉语现代诗；林风眠、潘玉良把西方现代油画以及迥异于中国画的写实风格带回了东方古国。

林风眠

林风眠（1900—1991），广东梅州人。家名绍琼，字凤鸣，后改风眠。著名画家、艺术教育家。

1918年赴法勤工俭学，其间，他认真学习西洋画法，并融入中国文化，创作出多幅以反封建为题材的油画，当时受到赞扬的《人道》《痛苦》就是这一时期的代表作。回国后，受到学界泰斗蔡元培的赏识与提携，被聘任为我国第一所高等艺术学府——国立艺术学院首任院长（今中国美术学院）。他对中国传统绘图，如隋唐山水、敦煌石窟壁画、宋代瓷器、汉代石刻、战国漆器、民国木版年画、皮影等，研究颇深。在创作上，他尊重中外绘画和民间艺术的优秀传统，倡导东西方艺术交流，坚持以民族文化为基础，发展新的中国艺术。

代表作品有《春晴》《江畔》《仕女》《山水》《静物》《宫女与花瓶图》等。

1991年病逝于香港，享年92岁。

著有《中国绘画新论》《林风眠画集》等。

——吃着高阳豆腐，朱洗走进了生物学深奥的天地，日后成为了新中国细胞生物学和实验生物学的奠基人。

……

风起于青萍之末，浪成于微澜之间。

从保定到巴黎，李石曾和他的豆腐公司，就像一枚投石问路的石子，撞开了欧洲近代文明世界的大门，又像一粒精灵的种子，发芽、生长于遥远的异国他乡，移植成为现代中国壮观的绿野；最终，它以青萍般的律动，酝酿了一场风暴，一场具有划时代意义的留法勤工俭学运动。

从
保
定
到
巴
黎

第四集　高阳布里·
　　　　　小乡村大课堂

GAOYANGBULI

这里是保定市高阳县布里村。

开中国近代留法勤工俭学运动先河的"留法工艺学校遗址"，就坐落在村子的东南部。100 年前，一场影响了中国近现代历史的留法勤工俭学运动，即从这里发轫，而后席卷全国。如今，这里早已复归平静，留下了这座不中不洋、卓尔不群的留法工艺学校遗址——"法国学堂"。

1982 年，"留法工艺学校遗址"被河北省人民政府公布为省文物保护单位；2006 年，被国务院公布为全国重点文物保护单位。

留法工艺学校遗址内，原本学生食堂旁边的水井处，一棵老洋槐树，经历了百年的风霜，依然青葱，摇曳着不竭的活力。是的，正是从湖南前来布里村留法工艺学校任中文教员的蔡和森，亲手栽种下了这棵由保定直隶农务学堂新引进的西洋树种，宣示自己"留洋求学"的决心。从人与树的关联上，应验了一句老话——"百年树人"。

高阳布里留法工艺学校遗址

【链接】

蔡和森

蔡和森（1895—1931），字润寰，号泽膺，湖南省双峰县永丰镇人。中国共产党早期的重要领导人，杰出的共产主义战士，无产阶级革命家、理论家和宣传家。

1895年，蔡和森出生于上海，后随母亲回到家乡湖南双峰。1913年进入湖南省立第一师范读书，其间，同毛泽东等人一起组织进步团体新民学会，创办《湘江评论》，参加五四运动。1918年6月，蔡和森受学会的委托，赴北京组织赴法勤工俭学事宜。与李石曾等人取得了联系，会见了北京大学校长蔡元培和著名新文化运动的领袖李大钊。1919年12月25日，蔡和森与母亲葛健豪、妹妹蔡畅以及向警予一起在上海乘坐"央脱莱蓬"号法国邮船赴法勤工俭学。在法国期间，蔡和森研读马克思主义著作，认真研究俄国十月革命的经验，成为坚定的马克思主义者。

　　蔡和森是第一个提出"正式成立一个中国共产党"的人。他系统阐述了有关建党的理论、路线、方针和组织原则，并与周恩来、赵世炎、李富春等一起筹建中国共产主义青年团旅欧支部。

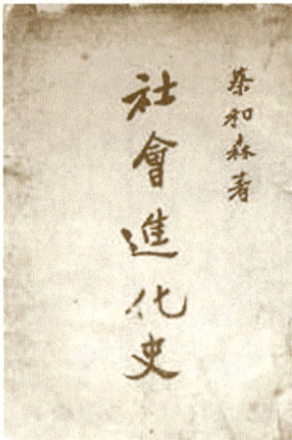

社会进化史

　　1921 年 10 月，蔡和森回国后，在上海经陈独秀等介绍加入共产党，1922 年于中共"二大"当选中央委员。长期主办中共机关刊物《向导》。此后，蔡和森还担任过中共第二、三、四、五、六届中央委员，第五、六届中央政治局委员、常委等要职。1927 年后任中共中央宣传部部长、中共两广省委书记。

　　1931 年，蔡和森在组织广州地下工人运动时遭叛徒出卖被捕，牺牲在广州军政监狱，终年 36 岁。

　　1924 年，蔡和森在上海出版了《社会进化史》。该书是中国人以马克思主义唯物史观写成的第一部社会发展史，是此类著作的奠基之作。

　　洋槐树，学名刺槐，由于叶子与中国北方的国槐极其相似，这种原生于北美洲的树种，又是经欧洲引种到中国的，所以高阳一带的人们便称它为"洋槐"。

　　当年蔡和森和他的伙伴们眼瞅着小树苗落地生根、抽芽长叶，是否联想到了他们就要依着这棵树苗的来路，追溯而上，走西洋，赴法国，开始新生活？是否也充满期待，能够在异国他乡得到呵护，继而用自己勤劳的双手换取学业上的成就呢？

　　许多年以后，从保定高阳布里村

蔡和森亲手栽植的洋槐树

"法国学堂"走出去的这些莘莘学子，用他们自身的勤劳、智识以及造诣，诠释了一个属于历史的春秋之梦。

是历史选择了布里，使得改变中国、具有划时代意义的留法勤工俭学运动大潮，开端于这样一个僻远的小乡村。

布里，一个处于华北平原潴龙河畔的小村庄，相传也是在明代初年，由口外小兴洲和山西洪洞而迁来的移民群落。立村前属于赵王堡村的一个疃子，后渐渐发旺，遂独立成村，称堡里。历史上曾分南、北堡里。其中，北堡里有座安澜桥，因此也叫了一段时间安澜村。也许，跟整个高阳县一样，传统的纺织业很兴盛，机杼声中，布匹保证了人们的衣食岁月，后来，"堡里村"便悄悄地改成了"布里村"。

布里村，西去高阳县城 15 华里，距保定府城 80 华里。百多年前，有码头可以乘船，沿潴龙河北上进入白洋淀，然后东去大清河、海河水系，便可通往北京和天津。然而，这里的土地却多生盐碱，耕种纯靠天意，且十年九涝。土里刨不出食，布里村子里的人便放开眼界，率先出去做生意、闯世界，以至于使得小村庄的生活习惯都有别于附近的其他村庄。饮食摊点很多，为村人提供果子油条、豆浆豆腐脑等丰富的早点，吃穿用具很新潮，还偶

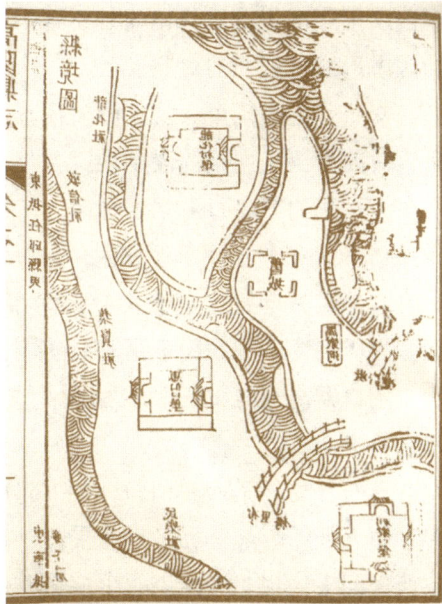

民国《高阳县志》中记载的"布里桥"

尔能看到一些洋玩意儿。在布里村人的心目中，潴龙河就是哺育他们的母亲河。所以，在离码头不远的地方，布里人建起的一座"布里桥"，接通了河东河西的陆路交通，方便了当地人们的出行和农副业生产。这座桥，被记载于《高阳县志》中，是整个县域内不多的一座桥梁。

1917 年，李石曾、蔡元培筹划在国内设立一批附设实习工厂的培

训学校或培训班，使青年学子们赴法前不仅要学会浅易的法语，还要掌握简单的劳动技艺，以便赴法后尽快适应新的生活和学习环境。在酝酿期间，李石曾首先想到的仍是家乡高阳布里村，想到了与他携手开办"豆食工艺讲习所"的高阳同乡、同盟会战友段子均。此时，段子均就任北京大学庶务科长，因参与孙中山领导的"二次革命"失败后，在家乡布里避难，于是李石曾决定再回一趟高阳老家。

这天，李石曾是冒着夏秋之交的大雨赶到布里村的。

猛涨的潴龙河水又有决堤之势，这注定又是村民们的一个不眠之夜。然而，夜宿段子均家客房的李石曾却看到，刚刚从堤坡上打桩防汛归来的几个庄稼后生，居然提着灯笼兴致勃勃地朝邻居段琴舫家走去。

那里有一所大屋，灯影幢幢却十分安静，只有段子均"天地玄黄，宇宙洪荒"的讲课声传出窗外，这跟外边滂沱大雨和人们害怕河堤决口的焦虑形成了鲜明的对照。

李石曾走到院里一看，屋前挂着段子均题写的匾额：半夜学堂。稍后，对闻声出来迎接的段子均说：你们村文风很盛啊！高阳布里又有许多华工，他们不仅出洋见过世面，还是现成的法语老师。干脆，就像当年咱俩办豆食工艺讲习所一样，先在你们村办一个留法工艺学校吧。

寒暄着，李石曾走上讲台，向布里村的青壮年农民讲起了法国见闻。当讲到法国的农民不是靠天吃饭，还有先进的浇灌排水设施，用电力、用机器浇地时，一个小伙子站起来说：我愿意跟着李先生去法国学用机器浇地。

李石曾与段子均一拍即合，一起探讨了在布里村开办工艺学校的诸多方便之处：曾经开办过豆食工艺讲习所，有群众基础，便于招生；有从西洋回来的华工做法语先生；还有现成的豆腐作坊和铁匠炉；即便外地人来，这里水陆交通也还都算方便；等等。说完两个人开怀大笑……

当夜，李石曾就在段子均家的客房里洋洋洒洒一挥而就，写了给北京政府教育部的呈请：

具呈人李煜瀛等为设立勤工俭学会预备学校请予立案事。窃维我国今日实业教育实为当务之急，而所重者又不仅在厚资大业之经营，其小农小工之职业教育与普通社会尤有密切之关系。近来赴海外之侨工日多一日，若能先与以相当之教育始渡重洋，俟其返国所益于国民生计智识

布里留法工艺学校师生合影　前排左一为李石曾

者必多。职此诸故，前与同志在法国组织勤工俭学会，近将于中国各省组织该会预备学校，以为以工求学之预备。其详细情形另见说明书。附呈鉴核，敬乞准予立案，实为公便，特此敬呈。

接下来，李石曾、段子均便把心思投入到了紧张的筹备之中。

十年前，李石曾为巴黎中国豆腐公司办讲习所，也是段子均出手相助。那次，他将自家的香油坊改成豆腐坊，用作讲习所的实习场地，而且还资助了出国工人很多路费。

十年过去了，听说要开办留法工艺学校，段子均又捐出了十二亩堪称风水宝地的田亩建窑烧砖，来支援扩建留法工艺学校。至今，那块建窑烧砖取土形成大坑的地界儿，还被乡亲们习惯地称为"建校窑坑"。

工艺学校校董——段子均的族兄段宗杨，乡亲们昵称他"老憨"——也把自己家的阁楼拆掉，为学校添砖加瓦，从而有了"布里有个段宗杨，拆了阁楼盖学堂"的佳话。就连段子均聘请的一位名叫马宝来的监工，也居然操劳过度，累死在"留法工艺学校"的建筑工地上。

现在我们看到的"留法工艺学校"，是当年扩建后的校址，基本上保留了百年前的样子。

紧邻村街的一片空地，是一片小广场，南方学生们曾在这里踢足球，现在能看到的是一片绿色植被和小路；东侧有练武用的梅花桩。当年蔡和森和湖南来的学员为

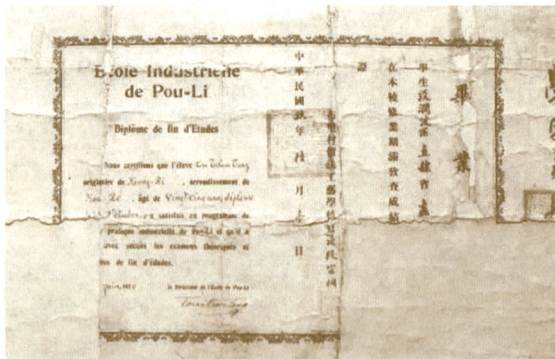
布里留法工艺学校颁发给段润波的毕业证书

了锻炼身体，还曾经南北向挖出了一道深浅不一的土沟，上下起跳，名曰"旱地拔葱"。

坐北朝南，是学校的正门，建筑风格以中式为主，青砖圆券，一卧一陡；门心处横匾式题写隶书"留法工艺学校"校名，由当地书法家张卓甫题写，极其醒目；面阔十间，不留窗户。门头顶尖处采纳的是李石曾的建议，略略带出了一些欧洲哥特式建筑的味道……

往北，是一溜十间北房，跟南屋相对，形成一个相对封闭的院落。文化教室、工艺车间、伙房、学生宿舍和蔡和森办公室都被保留下来。再往北，过通道，是学校预留出的花园、菜地，整个校区规秩有序，约占地十余亩。

在当时，以民间的力量平地建起如此规模的学校，可谓困难重重。为了办校筹集资金，段子均回到北京大学后，亲自设计了一批"彩票"上街叫卖。

李石曾、齐如山等人还想到了义演。

于是就想到了李石曾翻译的两个法文剧本——《鸣不平》和《夜未央》，都是穿时尚新衣的"洋戏""文明戏"。北京大学教授顾孟余和他的夫人，也被聘请来准备粉墨登场。

【史海钩沉】

《鸣不平》与《夜未央》是李石曾翻译的两部戏剧，国内当时称"文明戏"。

1908年，李石曾翻译出版的第一个剧本是波兰戏剧家廖抗

（Leopold Kampf，1881—?）的戏剧《夜未央》（AmVorabend），剧本是写俄国虚无党著名的女英雄苏菲亚暗杀帝俄沙皇的故事。他之所以翻译《夜未央》这个具有浓厚政治色彩的剧本，是与辛亥革命前夕国内的政治形势分不开的。法国出版中译本后，很快在广州革新书局出版（1908年初版，1928年第4版）。该剧在国内爱国青年中引起了强烈的共鸣。

李石曾翻译的第二部作品是法国剧作家蔡雷的剧本《鸣不平》，原名《社会之阶级》。这是一部喜剧，剧本通过对社会上因不同职业而区分贱贵所产生的鄙视和骄傲，讽刺了社会现实的不平等现象。

《夜未央》和《鸣不平》是我国最早的戏剧翻译文本，在中国近代翻译文学史上也占有一定的地位。

当时，"文明戏"一词在国内还未出现，是不是叫座？能不能募到款项？大家心里都没底。齐如山建议说：石曾先生的"文明戏"卖不得几个钱，还是请名角义演募捐吧。我去找京剧名伶梅兰芳。梅兰芳"欣然愿往"，并约定时间在江西会馆大戏楼演出。

【史海钩沉】

齐如山（左）和梅兰芳

齐如山与梅派艺术。齐如山，河北高阳县人。著名学者、作家、戏剧家、戏曲理论家，留法勤工俭学运动的主要参与者之一。

他自幼泛读经史，对流行于家乡的昆山腔、弋阳腔、梆子等地方戏曲十分喜爱。19岁进官办的外语学校——北京同文馆，学习德文和法文，毕业后毅然游学西欧，用心学习和考察了欧洲的戏剧。辛亥革命后回国，担任京师大学堂和北京女子文理学院教授。齐如山对戏剧和戏剧理论有着深入的研究，尤其对京剧最为醉心，因而产生了研究和改革京剧的兴趣。

世人皆知梅兰芳的大名，梅派艺术以大俗入大雅，形成了独特的艺术程式和表演风格。然而，很少有人知道，齐如山对梅派艺术的形成并走向成熟竭尽心智，功不可没。

齐、梅二人的合作在梨园界堪称佳话。从梅兰芳的早期艺术生涯开始，齐如山就以不凡的目光，认准了梅兰芳独特的艺术天赋。他不顾社会上"相公堂子"的冷嘲热讽，毅然与梅兰芳开始了艺术上的交往。从连篇累牍的信件，到朝夕相处的倾谈，一个个清新迷人的艺术形象走上了中国的戏剧舞台。

《汾河湾》，柳迎春在演唱中国的爱情咏叹调；

《黛玉葬花》，古典美人优雅地对花自怜；

《廉锦枫》，清新少女自由地踏浪；

《霸王别姬》，虞姬舞剑中的悲悯；

《贵妃醉酒》，美轮美奂的中国舞蹈艺术之魂；

……

是齐如山、梅兰芳的惺惺相惜、相互欣赏，成就了梅派艺术。

齐如山说："我们二人，是道义交，我不给您钱，您也不要我的钱，只是凭自己的精神气力帮您点忙……他（梅兰芳）之为人，不但谦和，且极讲信用而仁慈，又自爱而讲义气。"

梅兰芳说："我这十几年，一切的事情，就都是靠齐先生。"

据戏剧史载：齐如山是梅兰芳的"戏口袋"，梅兰芳从这个保定人的口袋里掏出了自己艺术的华彩时代，不仅影响了中国戏剧文化的走向，还堂而皇之地走进了美国百老汇，在西方主流社会演奏了东方艺术的绝响。而

齐如山戏剧学丛书

齐如山则用生花妙笔为中国最伟大的演员搭建了一个艺术世界。可以这样说，没有齐如山的介入，也就不会有誉满海内外的"伶界大王"梅兰芳；同样，倘若没有梅兰芳全力配合，齐如山也不可能有如此深入地

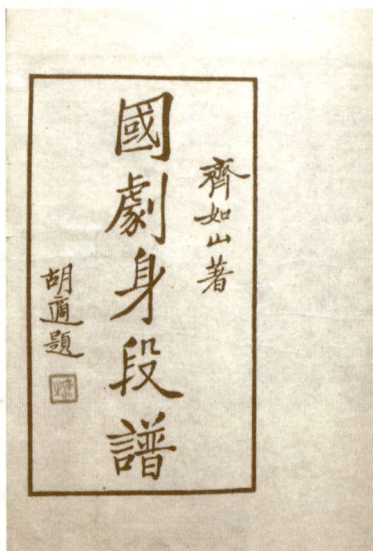

研究京剧艺术的机缘，成为一代著作等身的戏剧大家。

　　齐如山是提出中国戏剧"无声不歌""不动不舞""不许写实""不真器物"四大艺术特点的第一人。中国戏剧界的"莎士比亚"是一个专属名词，它只属于堪称一代艺术宗师的齐如山。

　　梅兰芳说：齐二爷，你栽培我多年，我的包银一个大子儿不要没的说，只是我一人气力还稍嫌单薄。我听说你们高阳同乡、唱昆曲的韩世昌、侯益隆正在京师开箱，何不邀他们共演一台热热闹闹的包场大戏，你也当一回全须全尾的大全福人。齐如山说：好咧，我高阳老家对乐于做善事的人叫"老憨"，我就做一回"老憨"，而且要"憨"到底。韩世昌、侯益隆对齐如山来说更不在话下，这些"荣庆社"的台柱子，都是高阳老家河西村的，与齐如山的老家庞家佐村相隔不到二三里，有的还一起光屁股在家乡小白河里洗过澡，打过水仗，是名副其实的"抹泥之交"呢。齐如山找到天桥剧场，和韩世昌和侯益隆一说，两位昆曲名家一听是丞相胡同高阳同乡李五爷为留法勤工俭学的事义演，只字都没提，便一口应承下来。

　　这场义演成为了轰动京城的头条新闻。也许是《晨报》的极尽渲染，也许是梅兰芳、韩世昌、侯益隆的名头太大，每张五块光洋的戏票很快抢购一空。梅兰芳和黄金搭档姜妙香的《春香闹学》、侯益隆的《乌江泪》、韩世昌的《尼姑下山》让北京的戏迷们过足了瘾。收入的一千七百块大洋，他们分文没要，全捐给了布里留法工艺学校。

【史海钩沉】

　　《晨报》初名《晨钟报》，1916年8月15日创刊于北京，是中国现代最有影响的报纸之一。李大钊曾任第一任总编，并写代发刊词《晨钟之使命》，不久辞去总编职务。由于《晨报》先后依附多位军阀，1928年国民党进驻北京后停刊。

　　1918年秋天，地里的麦子刚刚播下种子的季节，布里村南的黄土大道上驶来了两辆蓝篷木轮的马车。第二天，潴龙河"布里桥"旁也驶来了一艘载客的对舱船，几十个讲着湖南话的学生娃先后走进了布里留法工艺学校高大的门楼。

布里留法工艺学校迎来了湖南的第一批学生。

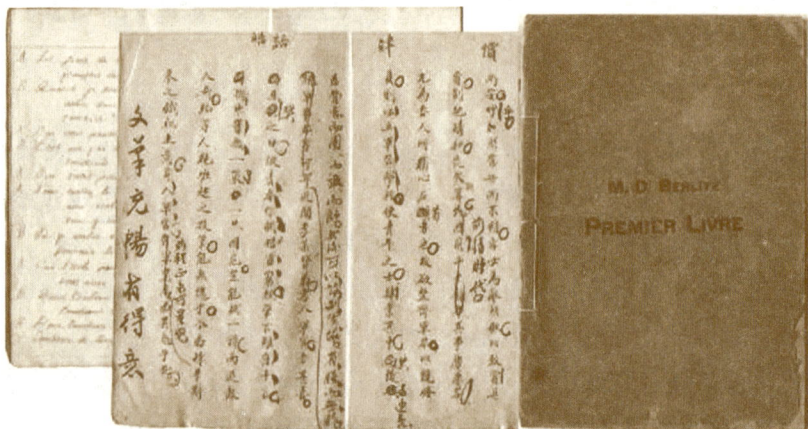

张裕襄在布里留法工艺学校学习时用过的课本及作业本（中文、法文）

布里，这个小乡村的"大课堂"，校园内的洋槐、古井、操场……已成为一种诉说，诉说着在这里发生的一件件让人心潮澎湃的故事：

——唐铎，是学子们中岁数最小的一个，那年他 15 岁。

【链接】

唐铎

唐铎（1904—1983），原名唐灵运，字金城。湖南省益阳人。曾任中共军事工程学院党委委员，空军工程系党委书记、系主任，中共辽宁大学党委常委、辽宁大学副校长，中共辽宁大学党委副书记、副校长，辽宁省政协副主席。

1920 年，唐铎与他的老师肖子升以及赵世炎、傅钟等 100 多名青少年，同乘法国邮船到巴黎南部的小镇蒙达尔纪公学补习法语。同先期到达法国的蔡和森、向警予、蔡畅、李富春、李立三等人一起从事革命活动，唐铎是留法勤工俭学中年龄最小的学员之一。1925 年奉派到苏

联学习，1926 年在莫斯科加入中国共产党。此后在苏联空军工作战斗了
28 个春秋。由于他在苏联工作期间的杰出贡献和在苏联卫国战争中的
光辉战绩，曾荣获列宁勋章、红旗勋章、红星勋章、苏联卫国战争勋
章。1955 年被授予中国人民解放军空军少将军衔。

1983 年逝世，享年 79 岁。

许多年后，这位已经成为开国将军的他，在《回忆留法勤工俭学运
动》一文中，讲述了在布里的这一段经历：

1918 年春天，在家休学的唐铎接到老师陈绍休的来信，告诉他湖
南正在招收因贫穷不能升学的青年，到保定参加勤工俭学预备班。读完
信，高兴得不得了，父兄也极为支持，便筹集了路费，没的耽搁，赶到
了长沙。没过几天，由陈绍休带队，他们一行人便来到保定。同行的还
有颜昌颐、熊信吾、肖拔、侯景国、孙法力等人。在保定，他见到了毛
泽东、蔡和森、李维汉、李富春、贺果等一些湖南同乡。

布里留法工艺学校实习工厂

第二天，毛泽东、蔡和森带领这些人来到了古莲花池，和他们留下
了一张合影。

第四集 高阳布里·小乡村大课堂

保定

小住保定几天，留法初级预备班的同学们便由蔡和森带队赶赴布里。路程80多华里，只能轮换着乘坐骡子拉的大铁轱辘车。蔡和森当时崴了腿，得拄着根棍，但在路途上还非常热情地照顾大家。一路上说说笑笑，心情都很好，当天下午便到了布里村。到了后才知道，这个小村子就是他们在江南听说过的"华工之乡"，是李石曾到法国巴黎开办豆腐公司的策源地。

湖南来的同学，是单独编班的。在这里，他们主要学习科目为国文和法语，还学习一些物理和化学知识。但更多的时候是到学校的简易工厂学习技术。学校聘请的工人师傅非常热心，手把手地传授机器操作、工具使用，使唐铎这个江南农村长大的孩子，开始懂得了一些工艺技术知识，为到法国勤工俭学打下了初步的基础。

这个时期，给唐铎印象最深的，就是蔡和森先生。蔡和森思想进步、生活简朴，待人热情真诚。他除教授国文课程，还要和同学们一起学习法文，还要到社会上去募捐、到华法教育会去争取帮助，为唐铎他们这些小弟弟们张罗学习、伙食和其他费用。

……

——湖南学生颜昌颐，在高阳布里，在留法勤工俭学的时代大潮里，找到了人生的真谛。

【链接】

颜昌颐

颜昌颐（1898—1929），字燮甫，又名国宾。湖南省安乡县人。1919年赴法国勤工俭学，因参加学生斗争，于1921年底被押送回国。1922年初在上海加入中国共产党。1924年入莫斯科东方大学学习。1925年初，颜昌颐与叶挺、聂荣臻等20多人被调入苏联红军学校中国班学习军事。同年9月，颜昌颐回到上海，参与筹组中央军事部（后改称中央军委）。1926年，担任中共湖南区委军事部部长，领导军事部组织工农武装，支持北伐军在湖南战场的胜利进军。1926年9月，他被调回中央军委，协助周恩来和赵世炎的工作，参加组织和指挥了上海工人三次武装起义。

1929年8月，因叛徒告密，颜昌颐与彭湃、杨殷、邢士贞一起被捕。在狱中，颜昌颐等表现了共产党人的坚强意志和品质，敌人高官厚禄的引诱和严刑拷打的折磨，丝毫没有动摇他们的革命意志和革命精神。8月30日，颜昌颐等四位烈士在上海龙华英勇就义。

周恩来在党的机关报《红旗日报》上撰文悼念：四烈士不可磨灭的光辉，将"照在千万群众的心中，熔成伟大革命的推动之力"。

颜昌颐到布里后病倒了，他托同学到附近的集市上买了几块黏米做的切糕补养身体，因为天天顿顿窝头咸菜的北方饮食，实在是不合这群南方小伙伴的饮食习惯。但仅仅是这一次花钱，班主任蔡和森就耐心劝大家：天将降大任于斯人，必先苦其心志，劳其筋骨，饿其体肤，行拂乱其所为。……古之墨子，今之俄国列宁，都是胸怀大志，能吃大苦的人，我们要则而效之。蔡和森还亲自带领同学们去布里村的老坟地里，为他们捉了几条即将冬眠的菜花蛇，为同学们补充营养。

蔡先生的这席话以及关爱之情，颜昌颐记了一辈子。直到他在法国参加中国少年共产党，回国参加革命，成为中国共产党最早的一批军事骨干，壮烈牺牲在上海龙华。

——熊信吾没有忘记，1919年那个除夕之夜，是他和唐铎到保定火车站送蔡和森先生去北京。冷清的候车室里，漫天的爆竹声中，三个年轻人相拥而泣，是惹动了思乡之情，还是凄凉境地的万分委屈，抑或是亲兄弟般的离别之痛？火车进站了，空荡荡冷飕飕的车厢里，死一样的沉默。在和同学握手告别之际，蔡和森情不自禁地吟咏了这样几句诗：

大地春如海，男儿国是家。龙灯花鼓夜，仗剑走天涯。

——布里留法工艺学校的邻居张佩兰大娘，生前时常念想起那个瘦瘦的蔡先生。当年，蔡和森求张佩兰缝制了一件北方人在冬季常穿的皮袄，付给了生活穷苦的她整整一块现大洋。这块现大洋，张大娘到死也没舍得花掉。

——布里村的拉脚汉段连升曾多次赶着大车，接送蔡先生往返保定、布里。路上，蔡先生不断询问他的日子怎样，什么叫三挂套（马车），多大的财主才拥有一辆三挂套，财主们干拉脚这样的苦营生吗？段连升还记得，患肺病的蔡先生胸腔里像拉风箱一样吱吱响着，每天早上还带着他的学生跳"拔葱"、踢足球、打八卦掌锻炼身体。

——布里村的百姓们还记得：一个北风呼啸的冬日，几个青年男女前来探望蔡和森。其中有个高挑儿的个子、极为漂亮的南方姑娘，她叫向警予。当年，向警予的继母正张罗着把女儿嫁给当地的一个小军阀，但向警予义无反顾地要和蔡和森一起去法国勤工俭学。继母鄙夷地说：放着现成的军官太太不当，偏要嫁给一个做豆腐的！那个时候的传说是，蔡和森、毛润之他们正在北方一个叫高阳的地方做豆腐，并准备运到法国去卖。离开布里的时候，面对送别的众多乡亲，向警予恋恋不舍，她紧紧握住蔡和森的手，泪流满面……

【链接】

向警予

向警予（1895—1928），原名向俊贤，土家族，湖南溆浦人。杰出的共产主义战士、忠诚的无产阶级革命家，党的早期卓越领导人，中国妇女运动的先驱和领袖，中国共产党第一位女中央委员和第一任妇女部长。

1918年参加毛泽东、蔡和森领导的"新民学会"，1919年她与蔡畅等组织湖南女子留法勤工俭学会，为湖南女界勤工俭学运动的首创者。1919年赴法国勤工俭学，1922年回国后加入中国共产党。在党的二大、三大、四大上当选为中央候补委员、中央委员，四大后增补为中央局委员。

1928年因叛徒出卖在汉口法租界被捕，于五一国际劳动节被反动派残酷杀害，年仅32岁。

1939年在延安纪念三八妇女节大会上，毛泽东对向警予的一生给予了高度评价："她为妇女解放、为劳动大众解放、为共产主义事业奋斗了一生。"

——北方刺骨的寒风似乎正在穿透这些南方学子们年轻单薄的胸膛。布里留法工艺学校，对于这些年轻的娃娃，真的是一个劳其筋骨、饿其体肤的场所。窝头咸菜，高强度的技能培训，拗口的法语，日复一日枯燥无味，也磨炼着他们不屈服的意志。

尽管蔡和森每月有李石曾特别批给的二十块大洋薪金，但他大多用来购买书刊，救济穷苦学生，节省下来的一点钱，他还托人从北京为学生们买来了那个年代少见的毛料围脖。

1919年的春夏之交，湖南班的同学们结束了在布里的学习生活，进入了保定城里育德中学的高等预备班。

布里工艺学校开办三年，培养学生200余人，其中有70余人奔赴了法国。军政界的著名人物有蔡和森、向警予、颜昌颐、唐铎、王人达、马志远、孙发力……文化科技界的精英有熊信吾、张汉文、侯昌国、王书堂……

1919年3月15日，第一批勤工俭学学生赴法前在上海的合影。

在布里"大学堂"还走出来一位本乡本土、值得尊敬而极具传奇色彩的人物。他，就是一生侨居法国、以实业家著称的王守义。

邓颖超（左二）和王守义（左四）

王守义，出身于直隶高阳县西田果庄村一个贫苦农民家庭。王守义的青年时代，正值国内军阀混战，帝国主义列强加紧侵略我国，民不聊生之时。王守义受五四运动新思潮的启迪，在老师王峰吉的影响和帮助下，毅然抛弃教师职务，投奔李石曾创办的留法工艺学校，学习法文、国文、数学和劳动工艺，意欲留学法国进行深造，以报效祖国。

1920 年 11 月，王守义瞒下了二老双亲、辞别结婚不久的妻子，登上了去法国的邮轮。同船去法国的还有周恩来、张若名、郭隆真等近二百名旅法求学的同胞。

到法国后，王守义认为自己文化底子薄，又有庄稼地里摔打出来的好身体，便放弃了学业，挣钱资助俭学活动。他曾说过：我这样做，从自身来说确实是个牺牲，但从为祖国多培养一个有用的人才来考虑，这难道不是个很大的收获吗？我为此将终身不悔。王守义实践了自己的诺言。在法国他一面做工，一面学习汽车驾驶技术，还偶尔做点零活，用自己的劳动所得资助很多人读完大学，且学有所成，其中张德禄、王毓瑚、程茂兰分别获得了机械学博士、经济学硕士、天文学博士等。

周恩来、李富春、邓小平等一些中国共产党的早期领导人，也得到过王守义无微不至的关爱和支持。后来王守义考入巴黎航空驾驶专科学校，毕业后获得飞机驾驶员证书。抗战胜利后，王守义以法国航空驾驶员的身份，奔波交涉，为祖国输送回上百名有名望的科学家。

1971 年，旅法华侨成立"旅法华人俱乐部"，王守义当选为常务委员、副主席。在此期间，他协助处理了多起华侨遗留问题，维护了海外游子的合法权益。

1975 年 5 月，邓小平出访法国，在巴黎机场见到了前来迎接的王守义，两人热情拥抱，互道别情，使在场的法国官员深受感动。

1978 年，王守义应邀回国参加国庆观礼，聂荣臻设宴招待，曾在巴黎的老同学钱三强、王德昭等许多科学界名流作陪，同窗故友欢聚一堂。

1980 年，邓颖超出访法国时，在巴黎四次邀见王守义，并谆谆嘱咐他要珍重身体，早日回国定居。王守义在邓大姐的热情劝慰下，即决意落叶归根，并着手进行准备，可惜未及如愿而身先去，于 1981 年病逝于巴黎，享年 83 岁。

【史海钩沉】

潘玉良

潘玉良是王守义在法国生活期间相识相守的一位重要人物。

潘玉良（1895—1977），江苏扬州人。1921 年考得官费赴法留学，先后进里昂中法大学、国立美专、巴黎国立美术学院学习，与徐悲鸿同学。1929 年回国，先后在上海美专、上海艺大、中央大学艺术系任教。1937 年旅居巴黎。20世纪中国最著名的女画家、雕塑家。

1937 年潘玉良再次来法国时，和王守义相识了。在法国，潘玉良虽技艺名噪画坛，但为生活穷困所扰，长期生活在潦倒之中。王守义爱惜人才，珍视艺术，特意在巴黎市政府官员住宅区租赁一处五间寓所，邀潘玉良同住，使她从此开始了一个"专业画家"的艺术创作生涯。

在王守义的全力扶持、倾囊相助下，潘玉良这个曾经生活在社会底层的中国女人实现了自己的艺术辉煌，被世界画坛赞誉为中国"女梵高"。王守义和潘玉良这对饱经沧桑的华夏儿女，也收获了一份相濡以沫的爱情。他们相扶相携，直到生命的终点。

1977 年，一代才女潘玉良在法国病逝，王守义为她举行了隆重的葬礼。生前寂寞、一生苦难屈辱的潘玉良晚年相逢王守义，成为了这个多灾多难、才华盖世的中国女人生命中不多的亮色。

王守义晚年回国探亲，遵照潘玉良的生前遗嘱，把她的大量艺术作品运回祖国，还特意请家乡知名书法家赵锡庄先生为潘玉良和自己书写好了墓志铭。1981 年王守义在法国逝世，遗体安葬在潘玉良的墓地。是命运还是缘分，有意或无意把两个孤独的老人安葬在异国他乡的同一块土地上。王守义继续默默地照顾着这位漂泊天涯的艺术家。

山不在高，有仙则名；水不在深，有龙则灵。高阳布里，一个小乡村的"龙仙"之气，起自何来？

高阳古地，颛顼后裔所在。其后，人文脉序，源远流长。

著名的南圈头齐氏家族，早在唐朝就开始发迹。家族中，齐映 23 岁高中状元，与齐家兄弟齐抗两人先后官拜大唐宰相；

【链接】

齐映（747—795），唐瀛洲高阳人（今河北省高阳县），唐德宗朝宰相。历任河南府参军、监察御史。他忠于唐王朝，反对藩镇割据，担任滑亳掌书记时曾建议令狐彰归权于朝廷。后任河阳节度判官，又随马燧讨平割据汴州的李灵曜。朱泚之乱时，齐映由凤翔奔赴奉天行在，亲身翼护唐德宗。担任宰相期间，齐映敢于直言进谏，以"敢言"著称。

795 年，齐映病逝，卒年四十八岁，追赠礼部尚书，谥号为忠。

《全唐文》收录齐映文章有：《论御史台诬谤表》《进封章表》《出官后自序表》《卧疾辞官表》等。

齐抗（740—804），字退举。唐瀛洲高阳人（今河北省高阳县），唐德宗朝宰相。历任监察御史、侍御史、户部员外郎、仓部郎中等职，后被唐德宗拜为中书侍郎、同中书门下平章事。与同族齐映为同朝宰相。

804 年逝世，卒年六十五岁。谥曰成。

北宋时，杨延昭镇守草桥关，留给当地的是保家卫国的忠勇精神和壮怀激烈的英雄气概；

据明天启《高阳县志》载："草桥关在邑西二十里三岔口社。周显德六年（959）复三关以控燕、蓟、雄。"草桥关与雄州瓦桥关、霸州益津关"俱置重兵，势相依倚，一处有警，三关策应。故契丹不敢轻犯"。

雍正《畿辅通志·关津·保定府》载："高阳关，一名草桥关……与瓦关、益津互相联络，而高阳实为根本，控制幽、蓟，戍守持重。"按照地域推测，古"草桥关"在高阳县、安新县和清苑县交界处，此处尚有古村落"草桥村"（今属保定市清苑区）。其位置在高阳县城西北20华里处，北距白洋淀5华里。

现存历史遗迹有杨六郎的"运粮河"，草桥村以及附近的百姓都称它为"铜帮铁底运粮河"。

据民间传说，宋辽"牤牛大战"时，杨六郎曾在附近屯养牤牛。

明末，兵部尚书孙承宗罢归乡里后，还能够举全家之力以抗清兵，壮烈殉国；有清一朝，西庞口村的李氏家族，从李蔚到李鸿藻，一始一终，为高阳人赢得了几百年的声名和赞誉……

高阳，其实是一个在洪泛灾区和盐碱地里求生存的县份。正是这样一个恶劣的自然环境，成就了人们要么为文、要么经商，而且咬定青山、相互提携的传统性格。布里，地处高阳县腹地，耕织之余，人心向文，能创建全国第一所留法工艺课堂，成为留法勤工俭学运动发轫之地，无疑早已有了几百年甚至上千年的铺垫。这样说，一点也不过分。

小乡村，大课堂。

还在于有李石曾这样的"盗火者"，把这个平凡的小乡村和遥远的法国巴黎连接到了一起；还在于有毛泽东、蔡和森的直接参与和精心组织，使它在中国共产党的早期历史上占有重要地位；也更在于，它为新中国输送了一批政治精英和有知识有担当的建设者。

第五集 育德中学·
通往远方的桥梁

YUDEZHONGXUE

中共中央办公厅关于批准建立"留法勤工俭学运动纪念馆"的批文

保定市金台驿街，有一座典型的晚清砖木结构四合院建筑。典雅的门楼上方悬挂着的一横匾额，行书"留法勤工俭学运动纪念馆"，端庄醒目，落落大方，由中共中央原总书记江泽民题写。这处纪念设施，是经中共中央书记处批准后，于1983年2月在保定育德中学旧址建立起来的。

纪念馆的房舍及门头，按照1907年育德中学的老样子修复而成。大门坐西朝东，青砖布瓦、古朴规制；房舍硬山高脊、宽敞幽静；院内松柏青苍、碑石矗立、肃

育德中学旧址及校训

穆清雅。全馆共占地 2400 平方米，建筑面积 870 平方米，是进行爱国主义教育、访古探幽以及红色旅游的一处胜地。

踏上石阶，穿过门楼，步入青砖墁地的四合院。院子中间那座面阔 3 间的过厅，把四合院隔成前后两个部分，过厅的两边与前后院相通。这所建筑群，规模虽说不大，但格局严整对称，非常考究。南北瓦房原是育德中学的教务处所在地，现已辟为纪念馆的展厅。

后院西房的门楣上有一方白色大理石匾额，上面有"幼云堂"三个阴刻楷书大字，这是育

幼云堂

德中学的创建人陈幼云先生的祠堂。堂内正面墙上有陈幼云先生的瓷质遗像，遗像下面白色大理石的功德碑上，刻着陈幼云先生的生平事迹。"幼云堂"的西面原是育德中学的校长办公室，现为纪念馆的办公处所。

1995 年，留法勤工俭学运动纪念馆被中共河北省委、河北省人民政府命名为"河北省爱国主义教育基地"。2006 年，国务院公布为国家重点文物保护单位。

老一辈无产阶级革命家毛泽东、邓小平、周恩来、蔡和森、赵世炎、李维汉、李富春、陈毅、聂荣臻、蔡畅、向警予等勤工俭学的精神、情怀和动人事迹，吸引来了络绎不绝的探访者和参观者。

庄严肃穆的展室内，从展版的图片到展架上的实物，抬头俯首之间，展示给我们的是，百年前的青年才俊们就是从这里出发，踏上了一条无悔之路。这条路，从东方古国通往遥远且陌生、文明却冷漠的法国巴黎。这是一条求索的路、一条艰难的路，也是一条闪耀着光明之星的路。而这条路的起点，就在我们脚下。

保定育德中学，是一座殿堂、一片热土，但更是那个年月里追求文明和真理的学子们奔往远方路途上一座坚实的桥梁。

保定育德中学，建于 1905 年（清光绪三十一年）。始由直隶高等师范学堂肄业生何德辉、直隶农学堂肄业生张凌云联合两校学生靳东阁、王国光等 11 人，募银 200 余两，于西关金台驿街朝阳寺处建起的"直隶讷公祠公立高等小学堂"。当时，学堂无专职教员，教学均由两校学生轮流担任。1906 年 6 月，清督署以"各校肄业生不准在外担任教授"相约束，致使学堂的教员及经费难以解决。后经靳东阁与陈幼云商议，并于 1907 年 11 月禀准督署立案，将"直隶讷公祠公立高等小学堂"改名为"育德中学"，公举陈幼云为校监督。

【链接】

陈幼云（1879—1909），名兆雯，字幼云。河北蠡县人。保定育德中学的创始人，第一任校长。

陈幼云受益于家庭熏陶，乡试曾中副榜举人。1903 年，幼云考入

陈幼云

保定直隶师范学堂，同年秋满怀"改良教育，籍谋国是"之愿望，自费东渡日本，入东京弘文学院学习，寻求变法图强之路。1904年暑假回国探亲，秉改良之志积极联络挚友，在蠡县乡村兴办小学上百所，培养新式人才。

1905年，陈幼云作为直隶代表与各地代表七十余人在日本东京参加了由孙中山、黄兴领导的中国同盟会筹备会。同年8月在东京赤坂地区参加中国同盟会成立大会。自此，陈幼云全身心地投入到革命斗争中，忠实践行孙中山的各项主张。

1906年，陈幼云在日本弘文学院毕业后，奉孙中山之命返回到保定，受聘于崇实中学，秘密筹组同盟会河北分会，策动同仁反清。1907年夏，中国同盟会河北分会在保定成立，陈幼云被推举为会长。

1909年因病辞世，时年31岁。

1907年夏，中国同盟会河北分会在保定成立，陈幼云被选举为会长。他遵循孙中山的组织方针，重点联络教育界的知识分子，先后发展了急谋改革者郝仲青、王秉喆、郭瑞浦、王国光等数十人加入同盟会。此间，他还特别注重吸收保定军官学堂的孙岳、刘云峰、周思成等青年军官入会，以备将来武装革命之用。当时清政府对革命防范甚严，崇实中学又惟上是从，为防不虞，避免在秘密之中的革命组织随时可能暴露的危险，陈幼云遂辞去崇实中学之职。他作为育德中学首任监督，建树颇丰。育德中学也成为了河北地方同盟会的活动中心。

1909年7月，陈幼云积劳成疾病故。同盟会员公举郝仲青担任中国同盟会河北支部主盟人和育德中学校长。1921年5月，郝仲青针对旧中国官场存在的贪污腐化、结党营私、敷衍应付等行为，为育德中学制定了"不敷衍，不作弊"的校训，确立了"以道德为宗，学术为本"的办学宗旨。辛亥革命前夕，与天津南开中学齐名的育德中学成为了北方革命的总机关。郝仲青校长"居中策划、昼夜不息"。他派人到军队和各县进行宣传联络，从事反清活动，并拟派专人炸唐河铁桥、新乡黄河桥，阻止清军南下。郝仲青还积极筹划、参与燕晋联军独立等革命活动。

【链接】

郝仲青（1879—1957），名濯，字仲青。河北霸县人。教育家。

1907 年，毕业于保定高等师范学堂，后在保定崇实中学任教，经陈幼云介绍，加入同盟会，育德中学创办人之一。1909 年，任育德中学监督（即校长），同时被推举为直隶同盟会主盟人。

他从事教育工作前后达 50 年，桃李满天下，其中不少成为我国社会主义建设的骨干和教育事业发展的先驱者。解放后曾任河北省政协委员。

郝仲青

84

1957 年因病逝世，终年 78 岁。

1917 年在留法勤工俭学运动发展历史中，是个重要的年份。这一年，李石曾、蔡元培、吴玉章等在北京成立了主持全国留法勤工俭学事宜的总机关；在保定高阳布里村创办了全国第一所留法工艺学校；并通过各种报刊发表文章和印发传单，大力倡导留法勤工俭学运动。为使留法勤工俭学迅速掀起高潮，作为倡导者和实际组织者的李石曾，一边在北大教书，一边为勤工俭学事业奔走，可谓乐此不疲。1917 年 3 月，李石曾在上海《中华新报》上发表了《留法俭学会缘起及会约》，4 月又发表了《李石曾之移民意见书》。据《李石曾先生文集》记载：在《移民意见书》中，详细列举了向国外输出华工、勤工俭学的意义，认为"裨益于我国有三：第一扩张生计；第二输入实业知识；第三改良社会"。同年，李石曾在一次集会上，对青年学子们说过这样一段话：让年轻的中国人出去看看西方世界是怎样的有秩序，怎样清洁美丽，将来回到家乡，能够做到改良一个厕所、一个厨房，不随地吐痰，不随地便溺也就收获极大的了。开启民智，恢宏器识，进而改良社会，必须先从教育入手。话虽然朴实、低调，却贴切地反映了李石曾留法勤工俭学思想的主旨。

这年的 6 月，李石曾回到故乡保定做社会考察，参加一个由同盟会成员发起的活动时，结识了时任保定育德中学第四任校长的王国光。

【链接】

王国光

王国光（1883—1971），原名王喜曾，字国光。河北省高阳县人。著名教育家。

幼读私塾，早年毕业于北京高等师范学堂（北京师范大学前身）。1907 年参加同盟会，追随陈幼云，为同盟会河北支部骨干成员。抗日战争前，曾任保定私立育德中学教员、校长，河北省立第七中学校长，河北省教育厅督学，河北省易县省立第八中学校长。是保定育德中学留法勤工俭学预备班创办人之一。抗战胜利后任保定农业中学校长。他从事教育工作 50 余年，前后培养青年学生数以万计。

1963 年，刘少奇、李富春等亲自为王国光 80 大寿祝寿，刘少奇在送来礼物的同时还送来亲笔祝寿信。

1971 年在北京逝世，享年 88 岁。

跟王国光的会面，本来是同乡、同志的邂逅，却成为了一次历史的机缘。李石曾没有想到，日后在育德中学，他们共同架构起了留法勤工俭学道路上的一座桥梁，也为古城保定留下了一笔宝贵的精神财富。

王国光任育德中学校长之后，为了穷苦人家的孩子能够读书深造，也为了培养一代工学皆优的新人，力主推行了"亦工亦读"的实用教学方法，于北方小城悄然开启了勤工俭学的风气之先。

这时候的育德中学，不但教学质量称颂古城，还聘请技术人才指导开办了育德中学课外工厂。工厂利用南方的紫竹做成精美的乐器竹箫，购进铁木厂家的下脚料，生产三角板和丁字尺等教具，还在中国北方首家注册生产"步云牌"网球拍。随后，为纺织之乡高阳生产的"织布梭"和"离心转子"等机械配件，也很快进入了市场。

育德中学附设铁工厂

当李石曾听到这个既厚道又机敏的同乡这一番介绍后，不由眼前一亮，尤其对育德中学"以道德为宗，学术为本"的办学宗旨，很是赏识，随即便和蔡元培来到育德中学进行了细致的参观考察。

在刚刚进入夏天的一个日子，李石曾在育德中学的教室里为学生们上了一堂别开生面的课。他高度赞赏了这所学校在实用主义教学方面的做法，称之为"这就是平民的教育，也是人生教育"。李石曾又讲到中国的出路和青年人的前途，去法国勤工俭学的好处。当讲到"不需要家里供给费用，也能在法国留学读书，学习法国的机械学和各种先进学科"时，立刻就有很多同学站起来，喊着要报名参加，李石曾很是激动。他看到了年轻学子们的热情，也增强了自己致力于留法勤工俭学的信心。

在育德中学，蔡元培同时也做了一个学术味道很浓厚的演讲，他举例说：……弗拉克蒙欲赴罗马而习造像，与其妻日节衣食之费，五年而旅费乃足。律宾斯敦执业棉厂而研究拉丁文及植物学、医学，所得工资，从不妄费，而悉以购书，是其例也。一则于学问之途，用其费省而

蔡元培演讲

事举者。书籍，学者志需要也，吾力能购则购之，否则如伯律敦之借用于书肆，吴尔之借钞于友人，可也；仪器，学者志需要也，吾力能购则购之，否则如伯拉克之以一水锅两寒暑表治热学，弗具孙之以毡一方珠

一串治星学，可也。勤于工作，而俭以求学，如是犹不足以达吾好学之鹄的，而宁有是理耶？后来，他把演讲稿整理后在报刊发表，成为了留法勤工俭学运动最初的呼吁动员之声。

教育思想的高度吻合，使得李石曾、蔡元培和王国光走到了一起。两个月后，由李石曾、蔡元培委托，育德中学实施，"华法教育会"赞助的育德中学"留法高等工艺预备班"正式开课。据北京政府《教育公报》（第六年第一期）载《北京政府教育部咨直隶省长保定育德中学修正简章及新生履历表准备案文》（第二千一百七十九号）载：……查该校修正简章及所指新生资格既具直隶教育厅查明尚无不合，应准备案……育德中学"留法高等工艺预备班"虽属民间性质的培训机构，但得到了北京教育部的批准。

育德中学高等工艺预备班，面向社会招收学员，还吸纳了育德中学在校的一些有志求学但家庭穷困的学生。开设的课程有法文和机械制图等，同时附设实习铁工厂，分锻、锉、钳、机加工和木工等专业。理论

1918 年 10 月，育德中学部分学生赴法前在保定合影，左二为贺果。

和实践的结合，课本学习与工艺技能实践环环相扣，学生们一边学习一边实习，不仅深化了对知识的理解，而且产品售出所得还能资助学业，可以说相得益彰。更重要的是，使青年学子们完成了赴法勤工俭学前的

先期体验。

20 世纪的 60 年代，育德中学老校长王国光先生在回忆录中，深情地记叙了当年聘用刘仙洲为机械学教员时的情形：

"预备班的第一班，主要由本校毕业生 40 人组成，聘请了由法国回来的李广安做法文教员，聘请保定甲种工业学校某教员兼任机械教员时，薪费与时间俱有困难，业务水平也不够高。

第二年，1918 年暑假，刘仙洲从香港大学毕业回来，已经先期受聘于天津高等工业学校，为机械学讲师，月薪一百五十元。因为他是育德第一班的毕业生，我就坚决地请他辞掉高工资，回母校担任留法预备班的机械教员，月薪五十元。他因为热爱母校，毫不推辞，慨然允诺，并且连续数年未曾离职。

我这种请教员的方式似乎不近人情，他这样的牺牲也是人所罕见。他教机械学、蒸汽机、内燃机和机械画图等课，所编机械学讲义，后来都交商务印书馆排印成书，畅销全国。刘仙洲在育德设计的水车，校办工厂制造出来后，在直隶省得到广泛推广。

这个故事的另一个版本，流行于保定、高阳民间。说的是刘仙洲"倒还价"的段子。故事说，王国光校长说明情况后，刘仙洲决定辞掉天津一百五十元之约，但应聘费还是得商量。王国光不知道刘仙洲葫芦里卖的什么药，便试探着说了个"大几十元吧，或者跟天津减半"。刘仙洲说不成。本来经费就捉襟见肘的王国光一下子卡了壳子，等着这个香港大学的高材生还价。还是刘仙洲爽朗地一笑，"三停儿去掉两停儿，我要五十元"。至此，就有了王国光寻高师"求贤若渴"、刘仙洲卖官子"倒还价"的故事。

【链接】

刘仙洲（1890—1975），原名鹤，又名振华，字仙舟。河北省完县人（今顺平县）。工程学教育家、机械工程学家。中国机械史学科的主要奠基人。中科院学部委员（院士）。

1907 年考入保定崇实中学，1908 年加入同盟会，同年秋转入保定育德中学。1913 年，他以第一名成绩考入北京大学预科实部（理科）。1914 夏，又考取了河北省公费去香港大学学习机械工程。1918 年，

刘仙洲

刘仙洲从香港大学毕业，获得"头等荣誉"毕业文凭，授予工程科学学士学位。港局准备保其到英国留学，天津高等工业学校亦以一百五十元的月薪聘任他为机械学讲师，但为了大批清寒有志青年出国深造，他毅然回到母校育德中学，担任留法勤工俭学高等工艺预备班的机械学教师。

1914 年，34 岁的刘仙洲，担任我国最早开办的北洋大学校长。在教育思想上，刘仙洲一贯主张理论与实际联系，学理与实验并重。在刘仙洲的学生中，刘少奇、李富春、李维汉等，后来都成为党和国家的领导人。刘少奇在许多场合谈到当年的学习生活，说刘仙洲"教书认真，要求严格"，并于 1955 年到刘仙洲家登门拜访。

新中国成立后，刘仙洲先后担任清华大学副校长、第一副校长，为祖国工科大学教育事业贡献了毕生精力。1955 年，刘仙洲以 65 岁高龄加入中国共产党，成为解放后最早入党的知名老教授之一。由于对新中国的教育和科学事业做出了重要贡献，毛泽东主席曾特邀他出席最高国务会议，共商国是。

1975 年逝世，享年 85 岁。

著有《中国机械工程发明史》《中国古代农业机械发明史》等数十部专著。其中不少著作成为了中国机械学的奠基之作。

在一些回忆录里还经常说起一个人的名字，他就是李光汉（李广安）。李光汉是李石曾在法国创办豆腐公司时，第一批带走的保定华工之一。他一生追随李石曾，成为了先生的左膀右臂。

1907 年，这个高阳布里村庄稼汉出身的李光汉，被王国光聘请为保定育德中学留法工艺预备班的法文教师。他法文基础并不是太好，会说的多，会写的少，但他除了尽自己所能教好法文课外，还始终像老鸡护雏一般地呵护这群来自远方的学生。他每天晚上提着一盏灯笼到学生们的宿舍，特意用法语点名查铺，关爱之心，无以言表。多年以后，李富春和同学们还为这位亦师亦友的老华工编了几句顺口溜：华工李光

第五集　育德中学·通往远方的桥梁

保定

汉，手提红灯笼，口喊"阿威五"（在不在的意思），夜夜来点名。寻常话里，透露出师生间浓浓的亲情。后来，李光汉随李石曾再赴法国，出任在法勤工俭学学生会会长。

育德中学留法高等工艺预备班，还得到了社会方方面面的支持和帮助。1918 年校庆，法国驻华公使赫尔利由省参议院议长王秉喆陪同参观后颇加赞赏，拨专款予以支持；驻保定军阀曹锟也到学校参观"工艺预备班"，当场打赏两万元为学校购置了几台车床；保定直隶高等学堂美国籍教员法斯特，捐献了一台 5 马力的柴油机和数台机械给实习工厂，实习工厂曾一度以"法斯特"命名；教育大家吴玉章为了声援预备班，将儿子吴震寰从四川送来育德中学……

1917 年 6 月，育德中学留法预备班开始第一期招生，共录取学生 40 名，于同年 8 月正式开学，学制一年，其中 22 名学生毕业后经上海赴法。

这一年的 11 月 5 日，蔡元培再度来到育德中学，并应邀发表了演讲。在高度赞赏这所学校"尚勤尚俭"的同时，蔡先生将当时法国倡导的"自由、平等、友爱"与中国儒家的"义、恕、仁"相对应，深入浅出，旁征博引，极尽风采：

故世之重道德者，无不有赖乎美术及科学，如车之有两轮，鸟之有两翼也。……贵校以后法文传习日广，能赴法留学者日多，俾中国之义、恕、仁与法国之自由、平等、友爱融化，而日进于光大。是非党法，法实有特宜于国人旅学之点：旅用廉也，风习新也，学说之纯正，不杂以君制或宗教之匪瑕也，国民之浸淫于自由、平等、友爱者久，而鲜侮外人也，皆其著也。

1918 年 8 月，留法预备班招收第二期学生 86 人，其中湖南学生 74 人，故有"湖南班"之称。9 月初，李维汉、李富春、张昆弟、贺果等作为第一批湖南学生，由北京转乘火车到保定留法预备班学习。1919 年春夏之交，第二期留法预备班包括李富春、贺果在内的 70 名学员毕业后赴法。

1919 年 6 月，留法预备班招收第三期学员共 63 人。这次招生较前两期更加正规，事先在报刊上刊登了招生广告，并详细说明了招生的宗旨、章程、学习内容和学生条件等。

1920 年 6 月，23 名学员毕业后赴法留学。其间，刘少奇作为育德中学留法预备班第三期学生，未待毕业即奔赴俄国留学深造。

1920 年暑假，育德中学留法预备班招收第四期学生，共 33 人。此时，由于国内外形势发生了很大变化，直接影响了留法预备班的继续进行。在国内，掌握外交、财政、教育实权的北洋政府对勤工俭学运动漠不关心、不予支持。国际上，第一次世界大战后，整个欧洲处于战后恢复期，尤其是法国，物价高涨，经济萧条，很难寻找工作机会。再加上负责勤工俭学具体工作的华法教育会与学生之间发生矛盾。以上诸多因素，致使留法勤工俭学运动在 1921 年初基本结束，各留法预备班（校）相继停办。育德中学留法工艺预备班也于当年 6 月落下帷幕。

保定育德中学留法工艺班学生合影

保定育德中学"留法高等工艺预备班"，从 1917 年 6 月创办到 1921 年 6 月停办，先后招收全国各地学员 213 人，其中赴法勤工俭学的有 115 人。

从这里走向远方的青年学子中，成为早期共产党人的有：刘少奇、李维汉、李富春、张昆弟、唐铎、贺果、向警予、颜昌颐、王人达、马志远、孙发力、鲁其昌……成为了新中国各个领域的著名专家、学者的有周发歧、路三泰、赵信之、杨铭功、李宗海、周萌阿、侯昌国、张尔玉、刘慎愕、金梯云、崔玉田、王道宣、齐雅堂、陈汝昌、李清泉、熊信吾、张汉文、王书堂……

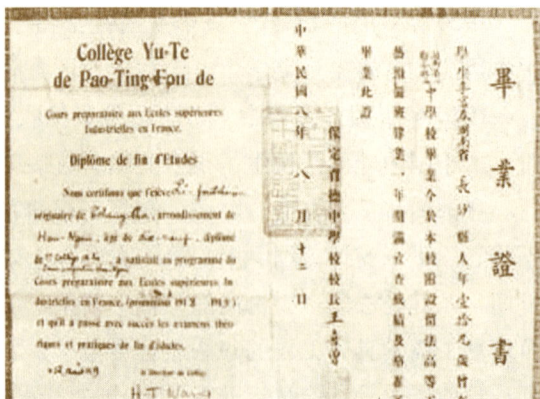

李富春的毕业证

留法预备班第二班学生，党的早期领导人李维汉后来回忆说：保定育德中学留法高等工艺预备班，校址在保定西关，离火车站很近。保定育德中学是当时在华北地区较有影响的一所私立中学。学校的设备比较简陋，但学校聘请了保定高等师范学校一些具有真才实学的教师和高年级学生到育德任教或兼课，学校对学生的要求很严，学习抓得很紧。因此，育德中学，包括留法预备班的教学质量比起别的学校要高出一筹。

【链接】

李维汉

李维汉（1896—1984），又名罗迈，湖南长沙县人。

1916年考入湖南省立第一师范学校，与毛泽东、蔡和森等校友结识，并一起创建了新民学会。1919年赴法国勤工俭学，在蔡和森的影响下，接受并信仰了马克思主义。1921年，同周恩来、赵世炎等酝酿组织旅欧中国少年共产党。1922年旅欧中国少年共产党成立，李维汉负责组织工作。同年，受旅欧中国少年共产党的委托，回国申请加入中国社会主义青年团；1922年底，由毛泽东、蔡和森介绍加入中国共产党。

1923年至1927年，他接替调往中央工作的毛泽东，担任中共湘区委员会（后改称中共湖南省委员会）书记。在其任职的4年中，领导湖南人民开展反帝反封建反军阀的革命斗争，使湖南成为中国大革命运动中最活跃的地区之一。

新中国成立后任中共中央统战部部长。

1984 年在北京逝世，享年 88 岁。

著有《李维汉文集》《回忆与研究》。

1980 年，贺果先生提供的在育德中学留法工艺预备班上学时的日记，翔实记述了百年前自己以及同学们在保定的学习生活。

进入预备班的第一天（1918 年 9 月 4 日），贺果写道：

余于四日前由京搭车来此，入育德中学之留法高等工艺预备班，其宗旨本勤工俭学会之初意，假勤工以留学法国，使贫寒学生不致有向隅之叹。余本一师范生也，然余之初志不愿以师范生终此一生。今此既有预备班，且以高等工艺之名以冠其上，余之工业生活或可于此发轫，以至于高造，亦未可逆料也。余须以毅力为之可也。

对于预备班基本课程，贺果这样记述：

本日上午，上机械制图二时、法文二时。现时本班科目，每周应用力学、发动机及机械制图各四小时；法文十二小时；金木工实习十八小时，现以工场未完备暂缺，侯发动机装就方可实习。

9 月 12 日，贺果因回复友人询问，将在北方学习的开支各项也记入了日记之中：

本年款项：一、学校用款。学费每月三元，膳费每月三元，全年七十二元。

关于学业上之用款。书籍费年约十五元，画图器四元。

关于自身处置上。1. 被褥费六元。据本地同学云，最冷时褥子非厚数寸不可，盖被必要三床。弟现有仅盖被一床，余须添置，然可能省时必须省却。2. 衣服费十元。本地人重棉即可过冬，然南人初至此地，不能与本地人比拟。据伊等所云，较长沙更数倍，似此恐非棉衣所能敷衍过去。弟现有单夹衣一身而已，余须完全添置。3. 帽及鞋袜费约四元。此项预算如是，但实际上恐不能做到。

此外，冬日所用炭火费以及他项杂用费及临时零用费约须十余元。

日记里，贺果也记下了十几岁的孩子远在他乡的思乡之情：

（9 月 17 日）离湘月余，昨始接家信一号，大哥自宝郡本月十日发者。数千里外得奉家报，欣喜莫名。然得悉家况，复起游子思乡之念。父母老矣，依闾之情岂能时忘？清夜怀想，时形梦寐。孺慕之情亦不能顷刻抛却也。大哥对予以恳切之词谆谆诲训，此后必须毅力敌困境，忍力敌艰辛，天下事何不可为？

在贺果的日记里，还记载了一个重要的时刻。一代伟人毛泽东，这位湖南留法勤工俭学运动的组织者，从长沙到北京，再到保定，为接引青年学子们赴法留学，为推动留法勤工俭学运动的兴起，亲力亲为，倾注了颇多心血。这虽是留法勤工俭学运动中一段插曲，却成为了保定红色历史激流中一处无声无息却深可盘根的积淀。

20 世纪 60 年代初，刘少奇夫人王光美曾经来到保定育德中学，寻访老一辈无产阶级革命家刘少奇在保定求学时的足迹。她按照刘少奇早年的记忆，讲述了刘少奇当年在这里学习时的点点滴滴：

王光美（前排左三）参观育德中学

少奇同志于 1919 年暑假后，到保定育德中学留法勤工俭学高等工艺预备班学习，上的是第三期，共 63 人，大部分是河北的学生。

当时，少奇生活困难，想上不收费的学校。考起了军需学校，因为他追求新思想，没有入学。听到留法消息，便决定到法国学习。当时不少人都留法了，留法的学生搞革命的劲很足。后来法国不欢迎了，就没去成。

1919 年到 1920 年少奇同志继续在育德中学留法预备班学习。他是学机械的，半工半读，勤工俭学。这期间学会了翻砂、木工、钳工。当时校长是王国光，王国光有些进步思想。刘仙洲是老师，教机械。

少奇学工攒点学费，成绩不错。他曾说过：在育德中学一半学习、一半劳动，我的身体便长胖了。光念书不行，还得有点劳动，但是得安排好，各方面安排好是能进步的。有人曾看到少奇同志在中南海劳动的照片，推刨子姿势很像受过训练的。他说：我这技术是在保定育德中学学习的。

1958 年 5 月 30 日，刘少奇在中央政治局扩大会议的讲话中也提到这段历史。

他说：我青年时期在保定育德中学上过一年半工半读，有一个技师、两个技术工人教我们，作坊就是 3 间小房子，一个 5 马力的发动机，3 部车床。我们一共 40 个人，上午上 4 小时课，下午做 4 小时工，书也读了，身体也好，还能赚钱了……一年半的半工半读，我们学习了打铁、翻砂、车床工、模型工等工种。还学了一门法文。

刘少奇在中南海参加劳动

正是由于在保定育德中学的学习经历，刘少奇在任新中国国家主席后，根据毛泽东主席关于教育方针的指导思想，亲自参与制定了以半工半读方式勤工俭学的有关政策。他认为，国家应该有两种主要的教育方式。一种是全日制的学校教育，还可以采用一种方式与其并行，就是半工半读或"以工兼读"的学校教育。而后者，就是为那些家庭生活困难的青年创造读书的条件。

刘少奇每每讲起勤工俭学时，都举在育德中学的例子：在育德中学一半时间学习，一半时间劳动，我的身体长胖了。既锻炼体力，又培育了脑力，同时还解决了家庭困难问题。

桥梁，连接此岸与彼岸，跨越过去，昭示未来。

育德中学，在划时代的留法勤工俭学运动中，契合了中华民族的一种思索、一个尝试，成为了一座桥梁。它虽然不像彩虹七色那样妍丽，却默默葡匐于古城大地，承载起了民族的未来和希望；它，横涧卧波，把古老的东方文明与彼岸的西方现代文明连接到了一起。

第六集　直隶保定·
敢为人先的地方

ZHILIBAODING

在高阳民间，曾经流传这样一句结论性、箴言性的说法，叫作"拜孙不拜李"。孙和李，指的是高阳县西庄村孙承宗（后世孙岳）和西庞口村李鸿藻（儿子李石曾）两大家族。

【链接】

孙承宗

孙承宗（1563—1638），字稚绳，号恺阳，直隶保定高阳人。明末军事战略家、教育家、学者和诗人。曾为明熹宗朱由校的老师，明末文坛领袖。先后任兵部尚书、辽东督师、东阁大学士等。

在明与后金作战连遭败绩、边防形势危急的情况下，孙承宗代替王在晋成为蓟辽督师，修筑关宁锦防线。统领军队11万，收复失地四百余里，修筑大城九座，小城堡四十余座，屯田五千多顷，安置战争难

保定籍华工在巴黎，他们成为留法勤工俭学运动的先行者。

民近百万，逼迫努尔哈赤后退七百里，功勋卓著。

1628年（崇祯元年），皇太极绕过关宁锦防线，进入长城以内，京师告急，又是在危殆时刻，孙承宗蒙诏起用，起家陛见，议守京师，出镇通州，调度援军，追还溃将，重镇山海，袭扰敌后，迫敌出塞，收复四镇，再整关宁，却遭权臣掣肘，告老回家。在高阳县居住七年。

孙承宗为澄海楼题"雄襟万里"匾额

1638年（崇祯十一年），清军进攻高阳，孙承宗率领全城百姓及家人守城，城破后自缢身亡。民国《高阳县志》记载：他的五个儿子、六个孙子、两个侄子、八个侄孙战死，孙家百余人遇难，孙承宗时年七十六岁。朱由检闻讯后哀伤悲叹，命有关官员从优抚恤。1644年（南明弘光元年），获追赠太师，谥号"文忠"。清高宗时追谥"忠定"。

著有诗集《高阳集》《车营扣答合编》等。

其中，孙家是值得崇拜、说起来很提神儿的一个话题，而李家则是不屑于多讲的。早些年，有人曾随机打问高阳人，知道孙岳么？回答是：那可是孙承宗的后人，宣统皇帝就是被他轰出宫的呀。再问：知道李石曾么？回答却是：不就是慈禧的干儿子，那个资本家，在法国卖豆腐的李老五嘛……

——孙承宗，明末兵部尚书、抗清英雄，为保卫高阳城，与阖家百余人壮烈殉国，险被灭族；其九世孙孙岳于清末披袈裟、报考保定军校，入同盟会，追随孙中山，辛亥革命中力助冯玉祥并接替其成为代理国民军总司令。

——李鸿藻，咸丰朝的进士，任过同治帝师，当过五部尚书和军机大臣，是显赫一时的晚清重臣；其子李石曾，早年留法，信仰无政府主义，又具备官僚资本家性质，还是国民党的四大元老之一。

不难想象，在新中国成立后相当长的时间里，人民群众对于这两个家族的评价，很容易受到传统情感的局限以及政治色彩的濡染，不足为怪。"拜孙不拜李"，很朴素，也很感性。毕竟，那是个崇拜英雄的时代，也是个理性思考缺失的时代。此刻，我们站在时代之巅，回望历史，对于那些时代节点上出现的人物、事件，无疑是需要给予历史的、具体的客观分析与审视。

近现代之交，大清帝国的夜郎自大、闭关自守，使得本来就积贫积弱的封建古国，在西方列强船坚炮利的淫威之下一触即溃。此时的中国，需要新的思想、新的科学技术，更需要一场翻天覆地的革命。

正逢其时，一场轰轰烈烈的留法勤工俭学运动勃然而发，波及全国。从而，对于后世的民族命运以及时代政治走向产生了极其深远的影响。

勤工俭学运动，从本质上讲是一次由几个学者发起的一场教育运动。令发起者始料不及的是，运动兴起之快速、配套保证之缺失、红色主流之形成，简直令他们瞠目结舌、顿足不迭。运动一开始，就没有征得政府强有力的支持和外交保护，进入后期，则更加无序、混乱且庞杂，最终造成了"虎头蛇尾"、不了了之的局面。台湾学者陈三井对留法勤工俭学运动的性质，曾概括为：这是一场"无政府主义者发起，而由共产党收获"的群众运动。

作家李春雷、史克己在他们的长篇纪实文学《赤光·留法勤工俭学运动纪实》一书的结尾处，这样写道：

我们只是想用我们手中的笔告诉后人，在中国现代史的入口处，耸立着这样一座丰碑：它（留法勤工俭学运动）和五四运动一样，是开启中华民族当代

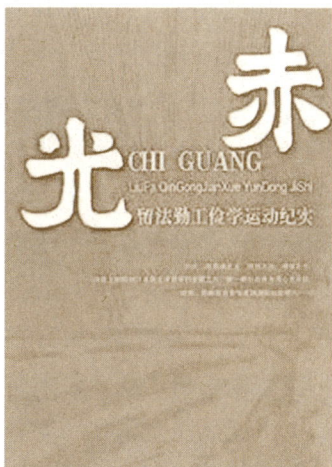

长篇纪实文学《赤光》

历史的伟大运动，"德先生""赛先生"的光芒始终眷顾着投身其间的青年学子们。更为重要的是，他们当中大多数人在法兰西多情的土地上，接受了共产主义"赤光"的洗礼，社会革命的真理使一大批勤工俭学生长缨在手，开始了向旧世界的猛烈冲锋。从这个意义上说，留法勤工俭学运动堪称同五四运动齐名的"双璧"，它们互为支撑、互为参照、互为因果、互为呼应，只是留法勤工俭学运动的过程更为长久，参加人物更为杂芜，运动过程更为泥沙俱下。

这里，我们不过多地去探究运动的成败，我们关注的是这样一个事实：在留法勤工俭学运动这个历史平台上，历练出了一大批中国共产党的早期精英，并且为后世的社会主义建设培养了数以百计的科学技术人才。

而这场运动的发起者，竟然就是因为去法国"卖豆腐"而成为新型教育家的高阳"怪人"李石曾。尤其令人刮目相看的是，他把这样一场运动的起点和重心放在了保定。

留法勤工俭学运动发起者是保定人，策源地在保定，培训机构也始建于保定，保定还走出了包括华工在内的几百名留法勤工俭学人员。后

世的专家学者，尽管都把眼光投向了保定，审慎地标注了运动初期的某些端倪，但是，保定作为一个敢为人先的地方，薪火绵延了一脉开拓型的民族性格，却很少被谁有深度地去探询和提及。

据史料载：公元1917年8月10日，北京政府教育部准李煜瀛等呈请设立留法勤工俭学会预备学校等情况预备案批示（第七百四十六号）：呈及章程均悉。查勤工俭学会设立宗旨，趋重职业教育，用意甚属可嘉。至该会所拟各处组织预备学校办法并所拟初级预备学校试办简章亦无不合。应准备案。此批。并加有附注：留法勤工俭学会原书及保定勤工俭学会初级预备学校试办简章见本期记载门。这份由李石曾先生起草并呈请，由北京政府教育部照准的公文，看似普通，却弥足珍贵。它不仅为史学界厘定留法勤工俭学运动的肇启时间提供了文献支撑，同时为佐证这场运动肇启于保定提供了史料依据。

保定还是全国唯一建立三所留法勤工俭学预备学校（班）的地区。从1917年高阳布里村始创全国第一所留法工艺学校，同年在保定育德中学附设的高等工艺留法预备班，到1920年保定直隶公立农业专门学校（河北农业大学前身）留法勤工俭学高等预备班的开办，形成了由初级到高级、累次递进的格局。据史料记载，保定设立的三所留法勤工俭学预备学校（班），管理规范、师资雄厚、教学质量也堪称一流。

留法勤工俭学运动肇启于保定，是天时造就的机缘，是地利承载的化育，更是人意筹谋的结果。

清《保定府志》（光绪十二年）

我们先来看看保定的地理位置和人文过往。

2015年，由保定市人民政府重印的《保定府志》（光绪十二年）序言里，有这样的评述：

保定，古郡也。太行西峙，沃野东坦；左襟明珠白洋淀以接瀛海，右拥仙山古北岳而望金瓯。享九州首善，得风水独尊。有"都南屏翰，冀北干城"之誉焉。山川形胜，元始之光泱泱犹照；人杰地灵，文脉千载徐徐未歇。巍峨太行，孕育涞水智人；黄河古道，启始中华文明。黄帝合符于釜山，奠基华夏；颛顼临御于高阳，绍述洪烈；尧舜揖礼于伊祁，天下为公。金台纳贤，易水风寒，楼桑结义，闻鸡起舞，传一脉豪杰气概；郦道元叩问山水，祖冲之究询术数，关汉卿称冠曲剧，孙承宗演绎兵学，承一统文化衣钵。颜李学派，独树致用玄学；莲池书院，成就状元鸿儒；总督衙署，写照清史春秋；保定军校，誉冠将军摇篮。已而后世，留法预科，布里巴黎，造就国之栋梁；冀中烽火，赤旗漫卷，奠定共和之基。竞风流，星辰繁烁；聚古珍，枚不胜数。此乃龙飞之壤，礼仪之邦也。朝接代序，文韵遗风，书呈志载，源远流长。

作为畿辅重镇，明清两代，尤其直隶总督署设置以后，保定俨然成为了第二个政治、经济、文化中心。让我们翻开近现代历史，简单浏览和感受一下这个地方深厚的文化积淀：

——时至今日，直隶总督衙署依旧坐落在市中心的裕华路上，坐北朝南，迎面广场上两根高大的旗杆成为了永恒的历史标志；门内的牌坊上，"公生明"三个大字极其醒目，成为官场强有力的警诫之词。由于该署地

"公生明"牌坊

处京畿，天子脚下，地理位置特殊，所以总督这一职位就显得尤其重要。据清光绪《保定府志》载：从清雍正朝至清末，就有唐执玉、李卫、方观承、琦善、曾国藩、李鸿章、袁世凯等74人任职于此。

【史海钩沉】

直隶总督署，又称直隶总督部院，是国内目前保存最为完整的清代省级衙署。1988年被国务院公布为第三批全国重点文物保护单位。

直隶总督署始建于元初（1206），为顺天路总管府所在地。明代为

直隶总督署

保定府署、大宁都司署、参将署。清雍正七年（1729），为直隶总督署。民国后，先后为直隶督军署、直鲁豫巡阅使署、河北省政府府衙。新中国成立后，为河北省人民政府所在地。

直隶总督署的建筑布局，既承袭了前代衙署的特色，同时又受到了明清北京皇家官殿建筑布局乃至民居建筑规制的影响。整座建筑坐北朝南，东西宽134.4米，南北纵深224米，共占地三万余平方米。其建筑分东、中、西三路，中路至今保存完好，有大门、仪门、大堂、二堂、官邸、上房五进院落，配以左右厢房耳房，均为小式硬山建筑。东路的东花厅、外签押房等建筑基本保存完好。是一座典型的北方衙署建筑群。

总督署的黑色三开间大门，坐北朝南，大门上方正中悬挂清雍正帝手书"直隶总督部院"匾额。大门前对称的两根旗杆由民国年间直鲁豫巡阅使曹锟初建，各高33.6米，为全国古建旗杆之最。院内有数十株粗大的桧柏，冬季，数百只猫头鹰栖息其上，"古柏群鹰"称为衙内一景。

从清雍正二年（1724）李维钧首任直隶起，到清宣统三年（1911）张镇芳署理直隶止，187年间共有总督74人，99任次。

历经沧桑的直隶总督署，承载了74位总督的功过是非，积淀了丰富的历史内涵，成为清王朝政治、经济、文化的缩影，可谓"一座总督衙署，半部清史写照"。

——素有"城市蓬莱"之称的古莲花池，处在城市中心，其深厚的文化底蕴和精湛的建筑艺术，成就了其在中国园林史上卓越的历史地位，是我国现存为数不多、较为完整的古代园林，具有较高的文化价值和艺术价值。这座经历800多年的古莲花池，基本

民国总统徐世昌题"古莲花池"匾额

上保持了古代俯碧涵虚的独特风格。如今，它不仅以"摇红涤翠、蜕带霞衣"的意境和自然美的神韵为文化古城增光拔色，而且以园中若隐若现的历史烟云和众多的文物古迹而闻名天下。

【史海钩沉】

古莲花池建于金末元初（1227），原名"雪香园"，始建者为元代汝南王张柔。由于园内池塘中荷花茂盛，亦称古莲花池。古莲花池是中国十大历史名园之一，2001年被命名为全国重点文物保护单位。

明朝对古莲池进行了较大规模的整修扩建。到了清代，莲池又辟为皇帝的行宫，皇帝多次出游驻跸，此时的古莲池达到了极盛。园内琼楼玉阁，典籍文物，珠玑珍玩，以及奇花异卉，仙禽灵兽，画舫楼船，芙蕖香荷，尽托于山山水水之间，交织成画、成诗。山、水、楼、台、亭、堂、庑、榭参差错落，组成了著名的莲池十二景，前人曾用"几疑

宛虹亭

城市有蓬莱"形容它，有"城市蓬莱""小西湖"的美誉。

古莲池园藏石刻、碑林可谓一大景观。仅池塘北侧的碑刻长廊，就长达 33 米，嵌有三段 82 方碑刻。这里有褚遂良《千字文》、颜真卿《千福碑》、怀素《自叙帖》、米芾《虹县诗》、赵孟頫《蜀山图歌》、

碑 廊

董其昌《云隐山房题记》《书李白诗》等七大家真迹碑刻。碑林收藏碑石 140 余通，散落于园内亭台楼阁的四周，与"接天莲叶无穷碧，映日荷花别样红"的莲花池相互辉映。

古莲池不仅以"林泉幽邃，云物苍然"闻名，更因与莲池书院同处一址而声名远播。

——自晚清以来，作为直隶省会的保定，开启了创立各级各类学校的高潮。从农学、军事、师范到各类实业学堂，形成了小学、中学、大学较完备的教育体系。兴办的众多学（堂）校成为这座历史文化名城的重要标志之一，故被誉为"学生城"。

畿辅大学堂始建于光绪二十三年（1897）

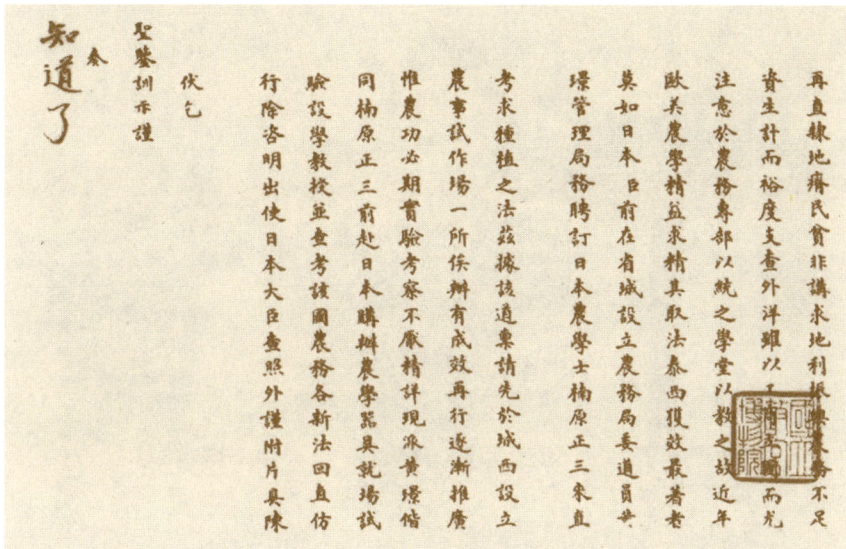

1902年奏请成立直隶农学堂的奏折

105

【史海钩沉】

在历史上，保定素有"学生城"之称。

宋代，保定就建有最早的官学，即"州学"。明清两代，一城之内府学、县学同时并立达几百年之久。另有金台书院、上谷书院和莲池书院等教育机构，其中莲池书院属于高等教育机构。

光绪二十四年（1898），下"明定国是"诏，宣布变法，要求各省、州、县的大小书院一律改为兼习中、西学的学堂。保定地处京畿，时任直隶总督袁世凯，亲自谋划，创建新学堂，功不可没。

据史料载：清末民初建于保定的各类学堂（校）有：畿辅大学堂（1898）；直隶高等学堂（1901）；北洋陆军行营将弁学堂（1902）；直隶高等农务学堂（1902）；直隶高等师范学堂（1903）；直隶法政学堂（1905）；省城医学堂（1907）；直隶法律学堂（1908）等34所。保定还建有中国最早的蒙养学堂（1896年），集识字、写字、古文和算学、格物等现代学科，亦为中国新教育的源头之一。

据民国《清苑县志》记载，当时保定城内人口四万两千余人，学生人数几近全城人口半数。"学生城"之说名副其实。

第六集 直隶保定·敢为人先的地方

保定

直隶女学堂　始建于清光绪三十二年（1906）

　　冠以"将军摇篮"的保定军校，其前身是 1902 年开办的保定北洋陆军行营将弁学堂，1912 年史称保定军校。

　　它是中国近代军事教育史上成立最早、规模最宏大、设备最完备、学制最正规的军事学府。到 1923 年停办，共培养出近两千名将军和政要，其中包括蒋介石、叶挺、张治中、傅作义等中国现代史上的知名人物。

保定军校旧照（1902）

【史海钩沉】

　　保定军校从诞生初期的北洋陆军行营将弁学堂等十几所不同类型的军事学堂，到中期的通国速成武备学堂，再到"虽不居大学堂之名，而已著大学堂之实"的陆军军官学堂，直至后期的保定陆军军官学校，二

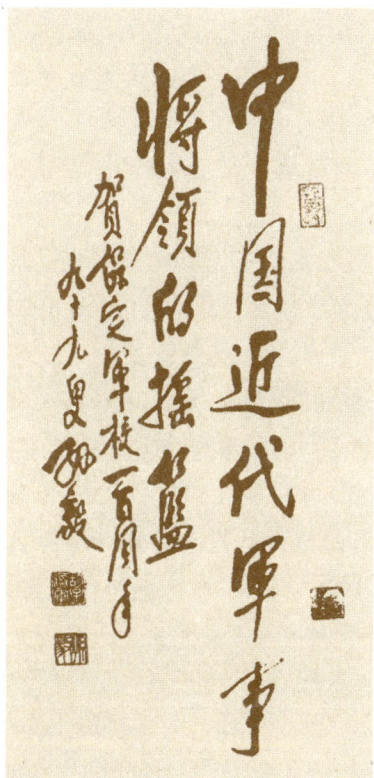
孙毅将军为保定军校题词

十一载春秋，它实现了中国近代军事教育质的嬗变；它所奠定的军事教育体制、教育理念等，已成为中国军事教育的宝贵财富；它培养出的近两千名叱咤风云的将军和政要，影响了中国近现代历史的发展过程。

杨成武将军赞誉保定军校："上承天津北洋（学堂），下开广州黄埔（军校），是一所值得纪念的学校。"

孙毅将军为保定军校题词："中国近代军事将领的摇篮"。

在遗址上建起的军校纪念馆为传统的砖木建筑结构，坐北朝南，门楼高大，气势宏伟。位于中轴线上的"尚武堂"重檐飞脊，古朴端庄。正门抱柱上，有保定军校生、百岁将星张寿龄撰写的楹联："尚父阴符简练揣摩传一派，武侯韬略鞠躬尽瘁法千秋"。彰显了保定军校昔日的儒风和武韵。

2006年，保定军校遗址被国务院批准为全国重点文物保护单位。

——晏阳初的平民教育，开创了中国"扫文盲，做新民"的先河。20世纪初，中国现代史上著名的教育家晏阳初先生，在保定定县掀起了轰轰烈烈的平民教育运动，创造了传播世界的"定县经验"。

平民课堂

【史海钩沉】

晏阳初

晏阳初，四川巴中人。民国时期著名的教育家和社会学家。一生致力于平民教育与乡村改造事业，被尊为"世界平民教育之父"。

1913年赴香港圣保罗书院深造，后转美国耶鲁大学，主修政治经济学。1923年组织成立中华平民教育促进会（简称平教会），担任总干事，先后组织同人深入长沙、定县、北碚等地推进平民教育。其中，定县历时最长（1926—1936）、影响最大。他认为，中国平民教育的关键在乡村，而"欲化平民，须先农民化"。1929年将平教总会迁往定县，并毅然携碧眼金发的年轻妻子许雅丽女士及襁褓婴儿，举家迁入偏僻艰苦的定县，"穿粗布大褂，住农民漏雨的房子"，在这里一住就是八年。在他的感召下，一批知识分子也怀着一腔真诚，举家迁居定县，形成了令人瞩目的"博士下乡"同农民为伍的亮丽风景。

在定县实验区，晏阳初针对当时中国乡村社会存在的"愚""穷""弱""私"四大问题，形成了一整套平民教育、乡村建设的整体思路，且成绩斐然。河北定州有以晏阳初命名的中学及晏阳初旧居。1943年晏阳初和爱因斯坦等人一起被评为"现代世界最具有革命贡献的十大伟人"。

1949年后，晏阳初移居美国，致力于向世界推广乡村教育理念，

定县晏阳初旧居

推进平民教育运动，被联合国聘为终身特别顾问。

……

　　我们再把镜头聚焦于李石曾的故乡高阳县。

　　高阳，因处于高河之阳而得名。曾有学者认为，高河即古黄河。高阳全境，基本上都处在古黄河故道当中，明清时候，又成为唐河下梢，为典型的滞洪洼地区域。雨季过后，一片汪洋；洪水干涸，则一片盐碱。面对这样艰难的自然地理环境，人们依然在土地上劳作，赖以生存。同时，又把读书、经商作为改变命运的最后手段，以至于形成了高阳历史上一文一商两条奋斗轨迹并行，而且影响了地域人文精神的形成和升华。从大唐宰相齐映、齐抗到明末兵部尚书孙承宗，再到清末五部尚书李鸿藻，代表了读书仕进、积淀文蕴的一条轨迹；而另一条，则是以纺织业和外出学徒做生意为主，以勤劳和智慧赢得富裕并被人尊重。清末民初就有李香阁、韩伟卿、苏秉璋等一批纺织行业的大商人接连涌现。而李石曾应该是这一轨迹上的集大成者，竟把个豆腐生意做到了欧洲。

　　相传5000年前，颛顼帝即建都于高阳，引领了后世祖先们自强不息的人文情怀。在天灾、战乱频仍的历史长河中，"盛而衰，衰而复盛"，在不断的磨砺中，造就了高阳人勇于融入社会大潮，富于担当；有强烈的责任感，不怕牺牲的地域文化和人文精神。

【链接】

　　颛顼，中国上古传说中的五帝之一。20岁继帝位，初国于高阳（今河北省高阳县），故称为高阳氏。《史记》载："黄帝崩，葬桥山。其孙昌意之子高阳立，是为颛顼帝也。"

　　颛顼性格深沉而有谋略。15岁时就辅佐少昊，治理九黎地区，封于高阳。黄帝羽化，因颛顼有圣德，立为帝，时年20岁。帝颛顼所居玄宫为北方之宫，北方色黑，五行属水，因此古人说他是以水德为帝，又称玄帝。其后以帝丘（今河南濮阳）为都城。

　　明天启《高阳县志》（孙承宗修）记述："（高阳）邑受名以高河之阳，古侯国也。五帝时属涿，为颛顼氏封国。"明御史吴公中曾赋诗佐证："畿甸巡行揽辔忙，偶逢圣椠驻高阳。东来紫气通瀛海，西映青

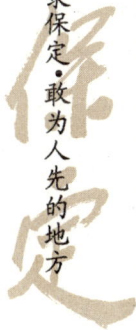

第六集　直隶保定·敢为人先的地方

岚近太行。邑属圣朝原设郡，民居颛项旧封疆。乘高北向平原望，锦绣相连是帝乡。"

　　清雍正《高阳县志》中有这样的记述：高阳乃古帝都封邱，八才旧里，明允笃诚，苞孕道脉，由来已久，人文之盛为保郡之冠。

　　从这样的角度审视近现代的高阳：高阳何以就成为"华工之乡"？那么多人背井离乡走西洋，含辛茹苦为哪般？李石曾、孙岳、段子均、齐竺山、齐如山等何以成为了最早的一批同盟会员、革命党人？即便是时势造英雄，一方水土不也能成全一种志向嘛！答案：显而易见。

　　辛亥革命最关键的一个节点，即大清朝最后一个皇帝溥仪被驱离紫禁城。这个节点上，同时有两位高阳人出现在故宫之内。一个是孙承宗的九世孙孙岳，他是作为国民军将领来执行监督押解任务的；另一位则是国民代表李石曾，他在作为见证人的同时，还准备好了清点皇家所有的遗物，为建立故宫博物院做准备。一个曾经是保定军官学堂的高材生、北方共和运动的重要军事将领；一个原本朝臣的贵胄子弟，最终成为国民党元老。两个年轻的同盟会会员，在中国历史的一个重要节点站在了同一个高度，应该说，这才是高阳人文传统最深刻的形象体现。

　　仅就留法勤工俭学运动看，保定人的敢为人先，其实始终意味着一种勤奋、冒险和牺牲精神。

王书堂

　　我们先从一位年龄最小的勤工俭学生说起。
　　王书堂，保定高阳人，1907 年出生在一个贫苦农民家庭。在法国 17 年的求学生涯，谱写了一个中国人生命和事业的传奇。1919 年 7 月，王书堂跟随母亲去法国巴黎李石曾开办的豆腐公司探望父亲，被安排在当地哥伦布地区小学读书。一个 12 岁的孩子，在家乡只读过三年小学，又不懂法语，但是他表现出了异常的刻苦，在老师和同学们的帮助下，仅用了半年时间，包括学习法语，就跟上了班里的学习进度。第三年，父亲劳累过度，染上了肺结核，归国后就去世了。父亲没有让王书堂回去，而是嘱咐他，一定要学成个工程师。

15 岁的王书堂，简直就像流浪在异国他乡的一个孤儿，在杂货店当学徒，去建筑工地打杂工，只求得一碗饭吃。最终，是一个华侨协会为他联系了一份工作，去法国西部南特市的一家机车制造厂做了一名徒工。在艰苦的条件下，他忍饥挨冻，一边工作一边学习，从不敢忘记父亲的嘱咐。这期间，王书堂结识了同样是高阳人的勤工俭学生张德禄，并成为了要好的朋友。张德禄给予了王书堂太多的鼓励，有时候还帮他补习数学课程。

面对劳累与饥饿，王书堂隐忍发奋，感动了工厂里的班头和厂长，破例减免了他学徒期间的一半饭费。这一意外殊遇，缓解了王书堂的健康危机，又给他注入了苦读的动力。他以感恩的心态，参加了南特市每年一度的技工比赛，并且名列前茅，获得优秀钳工证书，为工厂争得了荣誉，被工厂破格提升为正式钳工，提前结束了徒工生活，工资也翻了好几倍。

通过边工作边学习，王书堂获得了西部大区工业学院夜校数学班的结业证书，时间不久便考入了昂日市国立机械大学，这年他 20 岁。这所学校是典型的半工半读学校，从这里走出的工程师，无论是设计还是操作，都必须能亲自实践。所以，王书堂在机械加工、铸造、锻造、电工、木工、装配等方面，都掌握了丰富的技能和经验。

在吃饭问题再度影响学业的情况下，"中法友谊协会"从争取到的国内资金中，为王书堂提供了 400 法郎的助学金。1930 年，王书堂从机械大学毕业，获得了法国国家颁发的"机械工程师"证书。为了更多地掌握科学知识，马未停蹄，他又考入巴黎高等土木工程学院，再获一纸"土木工程师"的国家级证书，最终成为了中国人中难得的"双料工程师"。

学业有成的王书堂与已经被聘为教授的张德禄，在卢森堡公园散步，谈理想，聊人生，好像都忘了去餐馆吃饭。其实，是谁也不敢开口说去吃饭——到头来两个人把浑身上下翻遍，才凑了几枚硬币，总共25 生丁，只够喝杯牛奶。两个人对望一眼，然后仰天大笑，那眼泪便哗哗地淌了出来……

1936 年，王书堂回到了祖国，为了中国的机械工业默默工作了 20

个年头，直至 1953 年，才调到北京，先后担任国务院二机部、三机部、四机部的总设计师和总工程师。

为了民族工业的发展和社会主义建设，贡献了毕生精力的保定籍留法勤工俭学生还有齐笏屏、齐雅堂、曹清泰、王守义、夏述虞、马士修、周发歧、胡达佛、赵雁来……

保定籍的留法勤工俭学生中，尤其不能忘记的，还有那些信仰共产主义、投身革命的一大批共产党员。而张若名，以一女子之身，冲破重重封建道德束缚，成为了最早赴法留学的女同学之一。

张若名

张若名，字砚庄，1902 年出生于保定清苑县温仁村，1916 年考入天津直隶女子师范学堂。五四运动时期，张若名积极投身学生运动，参与组织天津妇女界爱国同志会，被推为评议部长。作为天津的正式代表，她两次去北京参加反对"巴黎和会"签字请愿活动。这时的张若名，反帝、反封建的意识已初步形成，并有着为追求自由民主而忘我的强烈个性。

1920 年 11 月，张若名与周恩来、郭隆真等在上海启程赴法勤工俭学；1922 年，在法国加入旅欧中国少年共产党。由于张若名法语口语流畅，又是女子，便于隐蔽身份，她在少共组织内担负与法国共产党保持秘密联系的任务，凭着出色的写作才能和组织公关能力，她成为了留法勤工俭学运动红色青年中的一位佼佼者。

张若名的战斗檄文《帝国主义在中国》至今读来仍震聋发聩。为了宣传马克思主义，她曾以优

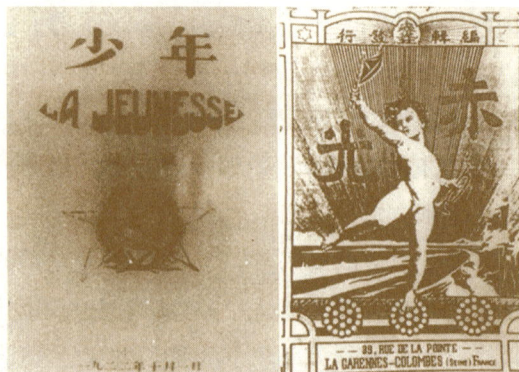

旅欧中国少年共产党机关刊物《赤光》

美的译文翻译出马克思、恩格斯经典著作供国内青年学习；她的学习笔

记《剩余价值》和《阶级斗争》刊登在机关刊物《赤光》上，被少年共产党的同志们奉为党团员的必读书目。

后来，她志同道合的亲密朋友周恩来被党组织选送回国参加革命，张若名却遭到法国当局的通缉，同时也经历了来自党内的某些机会主义分子的无情打击。万般无奈之下，张若名选择了激流勇退，躲进了一座修道院，从此隐居自学长达数年，专事研究欧洲文学。回国后，成为国内为数不多、执教外国文学、且有真才实学的一位资深学者。

中国共产党保定市第一任市委书记高风，也是留法勤工俭学归国的学生，并且壮烈牺牲在了保定这片热土之上。

高 风

高风，原名高梅村，1886 年 2 月出生于湖南省华容县。1920 年 12 月，他与罗喜闻、何长工等 120 余人，从上海乘船赴法勤工俭学。1921 年到巴黎朗古尔工厂做杂工，同时在周恩来、赵世炎的帮助下，他开始研究马克思主义，并加入旅欧中国少年共产党。高风和罗喜闻创办了《海外乡谈》，斗争矛头直指国内反动当权者和土豪劣绅。两年后，他出席了少共临时代表大会，并转为中共正式党员，不久，同赵世炎、王若飞等赴莫斯科进入东方共产主义劳动者大学深造。

1925 年春，根据党的指示，高风秘密回国，在河南汲县从事工运，曾任中共北方区委印刷厂厂长。1926 年，调保定，任秘密状态下的中共保定市委书记。当时保定是北洋军阀盘踞的中心城市之一，反革命气焰十分嚣张。1926 年 9 月，由于叛徒出卖，高风和另外一些同志不幸被捕。他利用放风的机会，向同志们交代"互不牵连，改名换姓"的斗争策略。在敌人多次酷刑审问下，他坚贞不屈，严守秘密。敌人见从他嘴里掏不出什么，便以全部杀害威胁他们。高风和一起关押的市委组织部长王志远、宣传部长谢光沛分析了形势，认为没有人付出牺牲，所有人都不得脱险。于是大家都争着牺牲自己，保护别人。高风遂严厉地讲道："我是市委书记。你们谁也别争，什么也不要承认，叫敌人杀我一个人好了！10月7日，他对审讯官说：我就是高风，就是你们要抓的人。他们什么都不知道！此举，保全了其他同志，也保护了党的组织和机密。高风从容就义时，年仅40岁。

还有一大批从保定起步奔赴法国的中国共产党的早期栋梁之材，在保定留下了他们奋斗的足迹和呐喊的先声。他们是李富春、李维汉、张昆弟、贺果……

当年，一走进育德中学的大门，这些年轻人就表现出了不同于一般人的宽阔胸襟和远大志向。

据回忆，当年的李富春、李维汉、张昆弟等人对保定这座陌生的城市情有独钟，都表现出了极大的好奇，产生了强烈的探寻欲望。

【链接】

李富春

李富春（1900—1975），湖南省长沙市人。1919年赴法勤工俭学。1921年加入中国共产主义青年团。1922年加入中国共产党，是中共旅欧总支部领导人之一。1925年回国参加北伐战争，任北伐军第二军党代表兼政治部主任，中共江西省委委员、代理省委书记。1927年后，历任江苏省委宣传部长、代理省委书记、上海法南区委书记，广东省委宣传部长、代理省委书记。1931年任中共江西省委书记。1934年参加长征，任红军总政治部副主任，红三军团政委。到达陕北后，任陕甘宁省委书记。抗日战争时期，历任中共中央秘书长、组织部副部长、财政经济部部长、办公厅主任。解放战争时期，历任中共中央西满分局书记，中共中央东北局常委、副书记，东北人民政府副主席，东北军区副政委。

新中国建立后，历任政务院财政经济委员会副主任，重工业部部长，国家计划委员会副主任、主任，科学规划委员会副主任，国务院副总理兼国家计委主任、国务院工交办主任。第七至十届中央委员，第八届中央书记处书记、政治局常委。第二、三、四届全国人民代表大会代表。

1975 年在北京逝世，终年 75 岁。

学习之余，他们不止一次地流连于城内外的名胜古迹，抒发他们对未来生活的远大志向。在即将完成预备班学业、离开保定的一个日子，大家相约来到了西廉良村古代名将廉颇的墓地访古凭吊。

【链接】

廉颇，嬴姓，廉氏，名颇（又称信平君），生卒年不详。赵国上古郡人（今保定竞秀区廉良村）。战国时赵国名将。与白起、王翦、李牧并称"战国四大名将"。

明弘治《保定郡志》记载："廉颇墓在郡治西十里，属清苑县，有廉良祠堂焉，名曰廉颇将军之庙，西一里有大塚，故老相传云廉颇墓。"另一处还记载："廉将军庙在府城西北一十里，祀赵将廉颇，前临鸡水支流，有石梁焉，耆老旧相传，庙北有廉颇墓。"这里所说的府城西十里，就是现在的竞秀区廉良村。清同治《清苑县志》也有记载："廉将军庙在城西十里，祀赵将廉颇，前临鸡水支流，有石梁焉，谓之廉良。"

廉颇墓

在墓地旁，后来成为革命烈士的张昆弟慷慨激昂地说：

燕赵自古多慷慨悲歌之士，保定，正处于燕南赵北之交。在赵国名将老廉颇长眠的地方，让我们发起一个誓言：留法勤工俭学，是为救国济民而学，为寻求真理而学。此一去，虽然山遥路远，但不成学业、不长出息，绝不东还！

李富春说：好，咱们湖南学子此次北上求学，借保转道赴法勤工俭学，也不啻是一场金戈铁马、气吞万里的征程。廉颇墓前宣誓，正好以壮行色。

一席话说得几个二十来岁的青年学子热血沸腾。

李维汉说：对，拼将热血和头颅，须把乾坤力挽回！

说完，他将特意从"一亩泉"带来的一壶清泉水洒在了廉颇墓前：就此祭奠老英雄吧。

【史海钩沉】

一亩泉，又称尚泉，位于保定城西，地处山前平原。

据清雍正《畿辅通志》载："一亩泉"（今保定市竞秀区一亩泉村）发源于易水岭之渝河，地下伏流而来。当年这里到处呈现泉水喷射、溪流回溇的优美景色。据清乾隆《满城县志》记述：一亩泉村，古称藻西庄，昔日建道观、书斋、楼阁、凉亭、曲径、回廊，靠泉池正北是宏伟的龙母宫，宫前是沛然亭，池南侧是清康熙年建的宸翰亭。"傍池浚濠，濠环四周。遍濠栽荷，依堤植柳。筑石为池，架板为桥。前通于池，后流于宫。绕宫细流，涓涓不绝。"别具一派江南风貌。

宋代大儒程颐、程灏，元代著名书法家赵孟頫、著名学者刘因等都曾在这里逸居。清康熙、乾隆二帝也曾多次来游。至今，一亩泉村还保留着当年赵孟頫的诗碑。

滔滔泉水自西北向东南，环绕保定古城，构成"上谷八景"之一的"鸡水环清"。据保定滨河公园一处壁画记述：元代初年（1206），张柔在重建清苑郡城时曾作新渠，引鸡距泉、尚泉（一亩泉）水入城。明代建文年（1399），改保定之土城为砖城时，修筑护城河，鸡距泉、尚泉（一亩泉）之水环绕古城。清澈河水与雄伟之保定古城构成"鸡水环清"胜景。

城郊古道，遍野青葱，几位湖南青年却一脸的凝重和庄严。

在相传廉颇用过的"晾甲石"旁，几个人纷纷把自己的左手放在当年廉颇留下的手印里，右手却伸向蓝天。他们这是在一边接通远古，一边呼唤未来。

简朴的仪式让几位学子大发思古幽情，于是不约而同地大声朗诵起辛稼轩的词句：凭谁问，廉颇老矣，尚能饭否？

廉颇老了，而他们却年轻。人生的道路，革命的征程，似乎从保定近郊的这片田野里，开始向无边风景处延展。

远方，正在召唤。

让我们再回到古城保定"留法勤工俭学运动纪念馆"，重温一下这段历史大潮初步兴起时的点点滴滴：

留法勤工俭学运动纪念馆展厅一角

——湖南班的学生们，从高阳布里留法工艺学校升入育德中学的高等班，他们脸上那灿烂的笑容，仿佛小院里盛开的月季；

——李石曾、蔡元培走进过的教室，好像依然坐满渴望知识、探求真理的学生们；

——在"育德中学"实习工厂，刘少奇拉动着锯子，那"哧、哧、哧"的铁木和鸣，犹然在耳；

——毛泽东、蔡和森等，在莲池书院和湖南籍学生拍下的"全家福"照片，依然定格在贺果的日记本中；

—— 一张张明信片、一封封家书，在展架上袒露着家国情怀，正娓娓述说曾经的过往；

——张若名、马志远、孙松亭、周世昌等保定籍的中国共产党的早期英才，那真诚、凝重以及豁达的容貌，在深深牵动着每一位瞻仰者的历史遐思；

——齐竺山、齐如山兄弟和段子均先生，以同乡情分力佐李石曾，追随与襄助，将成为保定乃至高阳县永远不会磨灭的一段历史佳话；

——育德中学的创建者陈幼云、开办留法勤工俭学高等预备班时的校长王国光、机械学教员刘仙洲，他们的教育思想、人生智慧以及奉献精神，正在激励着当代的有志者，为中华民族的伟大复兴，为中国梦的实现而努力奋斗。

……

历史的长河，一个潮头又一个潮头。

1918—2018，历史的时针整整走过一个世纪。

木本水源。从保定到巴黎，这是一条陌生而遥远的路、一条艰辛而悲壮的路，也是一条通往科学、民主与文明的路。留法勤工俭学运动，已经载入了史册。载入史册的还有保定人勇于探索、敢为人先的精神。

保定，永远是时代弄潮儿大有作为的广阔天地。

青年毛泽东组织湖南的留法
勤工俭学运动（节选）

杨金鑫

　　湖南留法勤工俭学运动的发起者、组织者，是新民学会，而首先迎接这个浪潮的是毛泽东。1918 年 6 月 20 日左右，新民学会在陈赞周、肖子璋任教的第一师范附属小学召开会议。出席的有何叔衡、毛泽东、肖子升、肖子璋、陈赞周、周惇元（周世创）、蔡和森、邹鼎丞、张芝圃、陈启民、李和笙（李维汉）等十余人。"这次讨论，集中'会友向外发展'一点。对于留法运动认为必要，应尽力进行。""自此，留法一事，和森和子升专负进行之责。"毛泽东则向新民学会和第一师范、长郡中学等校学生宣传、发动，几天之后，愿意报名参加的贫苦有志青年学生就有二三十人。

　　为什么新民学会成立后的第一件事是"向外发展"，而重点又放在组织留法勤工俭学呢？

　　当时，毛泽东刚从第一师范毕业。他和许多新民学会会员都亲自看到军阀混战，全中国的天空被层层的乌烟瘴气所笼罩，湖南人民也正被吴佩孚、张敬尧的"北军"屠杀劫掠，越发觉得中国和湖南都需要改造，青年学生必须加紧学习和锻炼，来担当改造湖南、改造中国的责任。他认为如果让一些青年学生到法国工厂去做工，几年后，学好了法文，积累了工资，再投入那里的专门学校学习，这样，不但使一些贫苦有志青年有远适异国，学习新学术、新思想的机会，而且他们通过体力劳动的锻炼，常和穷苦的工人在一起生活，必然会熟悉工人，了解工人，和工人建立起深厚的感情。这样的人，才能真正了解劳苦大众的问题，担当起改造国家社会的艰巨工作。这是青年学生的好出路，也是培养和提高新民学会会员的好途径。

但是，到法国去勤工俭学，并不是一件简单的事情，首先要解决三个问题：第一，每个人要准备好几百块钱旅费；第二，要向政府交涉，办好到法国去的护照；第三，出国前，要根据需要，做好各方面（思想、语言、基础知识、外交礼节，熟悉当地历史、地理、风俗习惯等）的准备。新民学会委托蔡和森先去北京联系，了解各方面的情况，研究解决办法。毛泽东留在长沙，继续做留法勤工俭学的发动、组织工作。

蔡和森于 6 月 25 日抵达北京，他了解情况和各方面取得联系时，多次函告毛泽东等会友，认为留法勤工俭学"颇有可为"。当时蔡和森以非凡的才能和惊人的魄力，对如何开展留法勤工俭学运动，向长沙的会友提出了卓越的见解。毛泽东 7 月 26 日给蔡和森写信，提出"才财学"三字，都合蔡和森的心意。蔡和森认为"现在所最急者，是一财字"。如何解决最棘手的"财"字问题，蔡和森提出三条办法：（一）侨工局既允许湖南去 25 人，则可从侨工局借得 25 份经费，利用此经费，大家过"最简单之生活"，就可额外再去几个或十几个人；（二）可利用赴法前的一年预备时间，努力设法游说有关人士协助解决一部分；（三）将湖南拟赴法人员中有钱和有借款能力的人，组成一个"财团"，"造成一个大形势，以迫出一个大借款"。他说："财团只是壮胆，只是促进大形势的一种手段，资本金并不要如何雄厚，又并不要如何可靠，此又须活看活做者也。总之，此事全在人做，初无可靠与着落之可言，必欲穷其可靠与着落，则莫如吾辈之自身。"

但是，蔡和森认为要组织好湖南青年赴法工作，必须有得力的人来领导。他在信中说："此回所来分子，主体太少，六人中尚有三人要报考军官学校，令我寒心。"他经过再三考虑，认为"驻京唯有润兄最宜"。因而，极力敦促毛泽东速去北京担此重任。他在 1918 年 7 月 24 日和 8 月 21 日给毛泽东的信说："只要吾兄决来，来而能安，安而能久，则弟从前所虑种种，皆不成甚问题；盖所仰赖于兄者，不独在共学适道，抑尤在与立与权也。""兄有来此之必要者数端：（一）既不往东，又不往南，自以来京为最宜。（二）吾辈须有一二人驻此，自以兄在此间为最好。（三）至现在情形，杨师自是喜兄来寓。……弟其殊不好为，故亦望兄来指教。"

毛泽东接到蔡和森多次写来的信后，便于8月15日与肖子升、罗学瓒、张昆弟、李维汉、罗章龙等去北京。毛泽东于19日下午抵达北京时，湖南青年准备去赴法的已有四五十人，为各省之冠。

但是，当时华法教育会并未为勤工俭学生创造出国的条件。它既没有为勤工俭学生筹集出国的旅费，更没有为他们安排好工作和学习的场所，一切毫无头绪。知道了这些情况后，不少人的情绪有些波动，用焦急的眼光凝视着毛泽东，期望他指点办法。否则，身无分文，久困北京，进退维谷。还有人在想，如果不能去法国勤工俭学，那就到南洋做苦工，然后再设想去欧洲。毛泽东亲切安慰大家："我们既来了，就不必急，先安顿下来，再找一些人商量，会想出办法来的。"同时，毛泽东坚决反对去南洋，因为南洋的苦工，大半是卖"猪仔"去的。那里的农场和矿场主，都是雇用中国人来管理中国苦工。这些人很凶恶，不但克扣工资，而且任意殴打苦工。如果去南洋，莫说难以留法勤工俭学，恐怕连回国也成问题。因此，毛泽东决定暂留北京，继续想办法。

毛泽东认为，"留法一事，算是湖南教育界的一个新生命"。因此，他和蔡和森等倾注全部精力，夜以继日，四处奔波，多方联系。经杨昌济协助联系，蔡元培、李石曾同意为湖南青年先办三处留法预备班，分设在北京大学与河北保定、蠡县。以后又在长辛店机车车辆厂开办半工半读的留法预备班。八月间，毛泽东作出湖南学生留法勤工俭学计划，同肖子升等驻京主持湖南青年留法勤工俭学工作，当时，毛泽东还到各个预备班去看望他们，了解情况。据《贺果日记》记载："10月6日：是日下午长沙初级班30人到此（即保定育德中学之留法高等工艺预备班），余等在此同学多到车站欢迎，搬运行李，……毛君润之、蔡君和森自北京来。10月7日晚与毛、蔡谈一时许。7日下午，在莲花池公园，同已在育德中学附设留法高等工艺预备班学习的张昆弟、李维汉、李富春、贺果等聚会，并同湘籍全体同学合影留念。10月10日，毛泽东送蔡和森等30多位留法预备班学员去蠡县布里村。随后同肖子升返回北京，统筹勤工俭学事宜。"另据何长工回忆，毛泽东先后两次到长辛店。一次是1918年11月上旬，一次是1919年3月中旬，"深入了解长辛店工厂和工人的生产和生活状况，以及与留法勤工俭学生的关系问题，看工厂是否能多容些留法勤工俭学生"。

毛泽东在解决了留法勤工俭学生的学习生活之后，就进一步为他们做出国准备。当时最要紧的是筹备赴法旅费。据《黎锦熙日记》1918年8月29日记载："至石驸马大街督办河工处（熊希龄督办）赴'华法教育会湖南分会'之筹备会，晤怀中、振翁（马邻冀）、陈蔗青（介）、李偶君（觉）、子靖等，议决先起草章程函稿，为工读学生赴保预备者四五十人筹资约3000元，拟向侨工事务局函借也。"后来，毛泽东等在杨怀中的协助下，把掌握在湖南旅京人士范源濂、熊希龄等人手中的一笔前清户部应该退还湖南粮、盐两税的超额余款存在俄国道胜银行的利息，提取出来作为湖南勤工俭学生赴欧旅费。

经过几个月的紧张活动，胜利完成了出国的准备工作。《新民学会会务报告》（第1号）这样记载当时的情景："此事在发起并未料到后来的种种困难，大家都望着前头的乐园。本着冲动与环境的压迫，勇往前进。此事的结果，无论如何，总有一些好的影响。但在中间，会友所受意外的攻击和困难实在不少，但到底没有一个人灰心的。"这显然是与毛泽东的支持分不开的。肖三回忆说："1918年冬，我们这批预备留法勤工俭学的学生派一人先去法国作先遣，主持人也认为有必要。毛主席对这件事出了很多力。"肖子升于1919年1月提前赴法。《留法勤工俭学会湖南会员纪事录》评价说："七月十九日（农历）毛君泽东（此人未入预校）等12人亦自湘来京，而留法之形体遂具。"这说明，在筹划组织留法勤工俭学运动中，毛泽东实际上处于主体地位。

1919年初，在北京的一部分湖南留法学生已完成了准备工作，取得了第一批放洋赴法的资格。为欢送赴法勤工俭学的湖南青年，毛泽东于3月14日到达上海。15日，在上海参加环球中国学生会召开的赴法留学学生欢送会。17日，送别湖南青年赴法。29日，参加又一批赴法留学学生欢送会。31日，送别。毛泽东送走了一批又一批赴法留学的会友，但自己却不出国。他觉得中国有许多事情需要调查和研究，需要做，中国正处在伟大的动乱之中，自己不能离开这个地盘。他曾经说："我陪同一些湖南学生去北京。虽然我协助组织了这个运动，而且新民学会也支持这个运动，但我并不想去欧洲。我觉得我对自己的国家了解得还不够，把我的时间花在中国会更有益处。"罗学瓒回忆 1919 年从上海赴法时毛泽东的一段话说："我们同毛泽东一道从北京到上海，准备定船赴法前夕，毛泽东约集我们开了一个会。会上，毛泽东谈到赴法勤工俭学的重大意义，也谈到我们应该注意的一些问题。最后，他宣布他自己这次不去留法了。我们听了都很惊异，问他为留法勤工俭学运动辛苦经营将近一年，为什么到临行时忽然变计呢？毛泽东说：'我想这些人中，要有人出国，学习新思想、新知识，以贡献祖国，也要有人留在国内，研究本国问题。我对本国问题有研究兴趣，但研究还不够，因此作出这种决定。'现在，毛泽东大概正实行他的研究计划了。"毛泽东重视"留洋"（留法、留俄）求真理，但更重视脚踏实地在中国这个地盘上工作。4 月 16 日，毛泽东从上海回到长沙，一方面服侍家母，另一方面则以新民学会会员为骨干，组织湖南各阶层人民的反帝反封建斗争，并继续组织留法勤工俭学运动。

在新民学会的推动下，当时的湖南尤其是长沙，掀起了一股留法勤工俭学的高潮。1919 年 9 月 5 日，长沙青年学生联合教育界组织了华法教育会湖南分会，开办了留法预备学校和游法机械科预备班、法文晚塾、法文新塾。同年 12 月，向警予、蔡畅等又在周南女校内成立了湖南女子留法勤工俭学会，并于 1920 年初成立了湖南女子留法预备团。徐特立 1919 年 11 月 14 日抵达巴黎后，便在《致湘学界书》中提出"勤工俭学，我省当注意多送人来"。向警予 1920 年 6 月 7 日给陶毅、任培道的信也提出："湘中女界同志都是有思想有抱负的。""希望同志多来些，俭学极好，愿意来勤工俭学也极好，无论如何，耳目接触，总比在国内要好一点。"这样便在湖南形成了一股留法勤工俭学的热潮。

1920 年 5 月 5 日，毛泽东在北京组织驱张活动后，到达上海。8 日，同新民学会会员肖三、彭璜、李思安等，为欢送即将赴法的陈赞周等 6 位会员，在上海半淞园开送别会，《新民学会会务报告》（第 1 号）记载说："九年（1920）的春夏，毛润之、李钦文等，因湘事由京到沪，赞周、煜甫、子璋、望成、玉生、百龄，分由北京、天津、长沙到沪，候船赴法。韫厂、君展、肫如，由湘到沪，练习法文，准备赴法。此时会友在沪计 12 人。因赞周等 5 人赴法期近，遂于 5 月 8 日，在上海半淞园开送别会，在沪会员到。……这日的送别会，完全变成一个讨论会了。天晚，继之以灯。但各人还觉得有许多话没有说完。中午在雨中拍照。近览淞江半水，绿草碧波，望之不尽。"6月，毛泽东为组织革命活动以及一部分同志去欧洲勤工俭学，急需一笔数额较大的款项，在上海找章士钊帮助。章士钊当即热情相助，发动社会各界名流捐款，共筹集两万银元全部交给毛泽东。毛泽东在1960年对章士钊说："行老！你不记得了吗？我和蔡和森于民国九年（1920）为着筹款去勤工俭学的事，曾拿着杨先生（怀中）的信去上海找你支持，你当即给我们一张二万五千元的汇票，要我们留三千给你用，其余的都给我们。我和和森等七人平分了，我自己多分了一千元。他们都去了法国，我没去，拿了这四千元在国内搞革命。"

湖南留法勤工俭学运动除人数众多以外，还有两件事特别引人注目。一是女子结伴赴法。1919年12月，向警予、蔡畅等组织成立"湖南女子留法勤工俭学会"，以赴法勤工俭学，将来回国振兴实业教育为鹄的。会所一设在长沙周南女校，一设在法国巴黎豆腐公司。该会将拟定的简章分发湘中各女校，并在1919年12月3日湖南《大公报》刊出。接着又组织女子留法预备团，录取了正取生12名、预取生4名，共16名，包括魏璧、劳启荣等。她们大多是周南、稻田、涵德、崇实四校学生。向警予到法国后，"决计俭学数年，将语言习好，情形习熟，设法大辟女子外出之路"。毛泽东也写信给向警予说："希望你能引大批女同志出外，多引一人，即多救一人。"湖南先后有12名女子加入到男子的行列，走出国门，抵达法国，是全国留法勤工俭学女学生最多的省份。她们抵法后，在法国引起了很大的震动，《小巴黎报》曾将两位中国女学生的照片刊于报端。

另一件事是两位老学生赴法。徐特立年已43岁，担任过省临时议会副议长，在湖南教育界享有盛名，但他决心做一个"扶拐棍的老学生"，以便成为"一个有学问的新人物"。1919年7月初他在长沙动身时，有人劝他莫去，说是四十几岁的人还学得什么。徐特立到法国后，写了一篇《留法老学生之自述》，发表在当时法国出版的《华工杂志》上。文章说："一般人都说年老者不能求学。年老的人，多半在社会上有些权柄，倘若全不求学，社会上受害就不少，所以我不怕人家笑"，远涉重洋去勤工俭学。蔡和森的母亲葛健豪54岁，头发已经发白，原会刺绣，在长沙女子教员养成所毕业。她不顾年高，毅然同女子一同赴法。这在五四时期的中国社会是绝无仅有的，因而受到社会的尊敬和钦佩。"40 以上者，有湖南徐特立先生，50 以上者，有湖南蔡葛健豪老母，可谓勇矣。"1920 年 5 月 14 日湖南《大公报》载文赞曰："近来吾湘学界向外发展的势力很大，法国南洋两方面去的人颇多，这是吾湘一点生机，我们所宜极力赞成。就中我最佩服的还有两位，一是徐君懋恂（徐特立），一是蔡君和森的母亲，都是四五十年纪的人，还远远地到法国去做工，去受中等女子教育，真是难得哩！"

在两年左右的时间里，毛泽东为发动、组织湖南留法勤工俭学运动，南北奔走，费尽心机，备受会员和青年的赞誉和爱戴。当时罗学瓒从北京寄回的家信中说："毛润之此次在长沙招致同志来此，组织预备班，出力甚多，才智学业均同学所佩服。"向警予 1920 年 4 月从法国给侄女的信中也说："毛泽东，……是我的同志，是改造社会的健将，我望你常在他跟前请教！"

新民学会会员到法国后，毛泽东仍然和他们保持密切的通信联系，并将信件按内容编成《新民学会会员通信集》和《会务报告》发给会员，使国内外两部分会员联成一个整体。

留法勤工俭学运动对湖南更有重大意义。"这一运动的收获，不仅在于使湖南几十个青年得到到法国勤工俭学的机会，也不仅在于这群勤工俭学的学生成为革命斗争的中坚分子，而最主要的却在于，它在湖南知识分子的思想革新上和革命斗争的开展上有着巨大深刻的影响：（一）打破了湖南知识分子蹈常守故、安于习俗的思想，掀起了向西洋学习新思想、新科学的高潮。（二）毛泽东由于亲自到了北京，和北京各大学的进步教师和学生有了一定的接触和联系，对于北京青年学生的学术活动和政治活动能够互通声息。这样，就为他于五四运动时期在长沙开展革命活动创造了有利条件。"

（《青年毛泽东与近代湖湘文化》，湖南师范大学出版社 1998 年版）

附录一

从保定到巴黎

毛泽东与我父亲的交往（节选）

贺士恒

父亲贺培真辞世后在整理他的文稿及日记时，发现了一些他当年与毛泽东交往的文字记录和回忆，反映了毛泽东与父亲贺培真六十余年来的私人交往。整理出来，也许对读者有所裨益。

我父亲与毛泽东的关系，要从民国初年谈起。

"恰同学少年，风华正茂"

父亲原名贺果，于1913年由家乡湖南邵阳考入省立第四师范学校。入校后即与毛泽东同分到新生第一班，后合并到湖南第一师范学校，又被同编入第八班，直到1918年暑期毕业，两人同学达五年半之久。

他们在校期间，正值辛亥革命后的动乱时期。"民国"的空招牌在民族危亡的凄风苦雨中飘摇。广大的青年知识分子冲破了旧礼教、旧道德的禁锢，学习新思想、新文化，在苦闷彷徨中寻觅着新的道路。

当时，湖南一师云集着一批受到西方先进文化教育的思想家、教育家，其中尤以杨怀中先生对学生影响最大。他曾在八班的黑板上写了一副对联："强避桃园作太古，欲栽大木柱长天"，表达了他教育救国的志向以及希望在学生中培养造就救国治国的栋梁之材的理想。在学生中，有以毛泽东、蔡和森、罗学瓒、李维汉、张昆弟为代表，志在探索"改造中国与世界"之道的青年精英。正是在这些良师益友的影响下，父亲在学校期间，也努力在这个小小的社会舞台上塑造自己、充实自己。据一师现存的一些档案资料看，父亲当时积极参加一师的各类社会活动。如一师校志《历年学友会职员表一》记载："毛泽东自 1915 年到 1917 年连续四次担任学友会'文牍'职，贺果于 1915 年任'庶务'，1917 年任'总务'职。"另据"校史"记载："1916 年秋，一师应时势之要求创办了学生课外志愿军……志愿军编制为一营二连……当时贺果为二连连长，毛泽东为一连连部上士。"学生志愿军当时为保卫学校，援救市民起了积极作用。父亲当年尤以体育见长，爱好田径及足球。对于他的体育成绩，一师校史亦有记载："1917 年 6 月，在日本举行第三次远东运动会。湖南省教育会在三月底对全省各校选手进行了预选，共选出了运动员 6 名，其中一师占 4 名，总成绩列第一、三、四、六名。学生彭道良、贺果、刘培基和附小教师陈绍休，于 4 月 16 日从长沙经上海赴日本……"这段记载有误，据父亲回忆，是赴上海参加远东运动会预备会，未去日本。他还记得："我们在长沙大西门外上轮船，晚上十时左右，船要开了，毛泽东同志亲自送来一部《石头记》，说是给我们船上看。"

父亲在一师与毛泽东同窗五年半，彼此接触较多。有一年夏天，天气很热，父亲一边扇扇一边回忆说："毛泽东这个人，年轻时候就是个意志坚强的人，他常穿一件长衫，夏天长沙天气好热呀，许多同学常脱了外衣，他却依旧是那一身装束，尽管满头大汗，也不见脱衣。天冷了，一般人都早已穿起了棉衣、夹袄，他却穿得最晚。他在这方面也是有意识地锻炼自己的意志和耐受力。"

他们也常在一起散步和郊游，经常到一师后面小山上的君子亭去谈天说地。父亲记得有一次谈到体育运动，毛泽东对在体育方面单凭个人好恶，而不注意全面锻炼有看法，他一向主张"三育并重""身心并完"，提倡要"文明其精神，野蛮其体魄"。因此对父亲说，体育锻炼，身体各部分都要活动，就是我们的面部肌肉也要使之活动活动。他边说边运动面部给父亲看。这个动作，就是毛泽东自编自做的"六段操"之一，是他独特的运动方式之一。

1917 年中秋，是他们在一师度过的最后一个中秋节。父亲对这一夜记忆犹新。他写道："1917 年中秋夜，月明星稀。我和同学十几人，中有毛泽东、张昆弟等。我们从铜元局码头雇船，顺流而下，绕水陆洲

保定

一周，从北端逆流而上到南端。在行进中，毛泽东同志提议要大家比赛背唐诗中有月字的诗句，看谁记得多。于是大家抢着要背唐诗，我当即提出，唐诗有一首《春江花月夜》，其中月字最多。大家就争着念出。朗诵声、说话声、笑声装满一船。船到南头，毛泽东、张昆弟等即下船在洲头沙滩上露宿。其余人又乘船到铜元局码头上岸回校。"

这一夜，实在令人难忘。在后来发表的《留法勤工俭学日记》（以下简称《日记》）中，两次提到这个中秋夜，其中 1920 年 9 月 26 日，父亲在日记中记道："今天是旧历中秋。去年今日已到上海。前年今日却在保定。再前年今日却在长沙。是夜还作环水陆洲的舟游。同船十余人，尽乐而归。今年今日却在这里。"

看来，一师当年的同学对水陆洲，即橘子洲，都有一股特殊的怀念之情。1925 年，毛泽东在那一曲悲壮而豪迈的《沁园春·长沙》中，立足于"橘子洲头"，吟诵和怀念那"指点江山，激扬文字"的往昔"峥嵘岁月"。不知在诗人的遐想中，是否也融进了那一年中秋夜的月色和欢声笑语呢？

留法前后的交往

1918 年暑假毕业后，父亲留在一师附小任教，结识了李维汉。当时，毛泽东、蔡和森、肖子升等人刚发起组织新民学会。适逢李石曾、蔡元培等在北京组织留法勤工俭学活动，他们就将组织湖南学生赴法勤工俭学作为新民学会向外发展的一次机会，因而积极组织和推动这一运动。父亲当时也为出路发愁，便积极响应，与李维汉、张昆弟等一同到保定留法预备班学习。这一年的学习生活是相当艰苦的，据他回忆："我当时和李维汉、张昆弟三个人同住一间宿舍，室内一张炕。保定冬天气温很低，在滴水成冰的时候，我们没办法购买煤炭取暖，白天就三个人挤在炕上用棉被取暖。我当时没有棉裤，穿三条夹裤过冬。当时我们经济都困难，一个月三元伙食费，有时无法按时交，管伙食的北方同学就不让我们吃饭。我们只好设法买烧饼度日……"

这一段时期，父亲与毛泽东时有书信往来。据《日记》记载："1918 年 9 月 7 日。星煌君接长沙付来洋三十元，代毛润之还余十元。以二元还李长极君，和笙（李维汉）君借二元，余六元。发家兄十二号明片一张，毛泽东君明片一张……"十月六日："是日下午，长沙初级班三十余人到此。余等在此同学多到站欢迎，搬运行李……肖君子升、毛君润之，蔡君和森自北京来。"十月七日："下午湖南全体同学在莲池摄影。本班与初级班及北京数人济济一堂。晚与和笙君、芝圃君（张昆弟）往第一栈与毛蔡诸君谈一时许。归时已十时矣。"十月廿七日："晚写家信第十五号，发毛润之一片。"十二月十五日："曾（星煌）从京归，带来毛润之、罗荣熙（罗学瓒）信各一函。"

父亲是 1919 年 10 月 31 日乘法国邮轮"宝勒加号"，由上海起程的，同船有李维汉、张昆弟、李富春等 42 位湖南青年，于 12 月 7 日到达马赛港。1920 年 2 月，父亲与李维汉、李富春、张昆弟等人组织了"工学世界社"。这一组织，后来在蔡和森等人的影响下，成了当地赴法勤工俭学学生中有相当影响和号召力的组织，实际上也是新民学会的"分支"组织。

毛泽东得知"工学世界社"成立的消息后，寄予关怀，他给罗学瓒写信说："请你将组织、进行、事务等告我一信。"（《新民学会会员通信集》第二集，1920 年 11 月 26 日）后来，他还进一步赞扬了工学世界社的活动，他在 1921 年 10 月的一次欢送留俄学生的会上说："我们总要为有主义的进行，在法同学组织的工学世界社——革命团体——那办法就很好！"（《谢觉哉日记》，1921 年 10 月 22 日）。

据李维汉回忆："工学世界社成立后，除了学习马克思主义外，还组织了一个工学世界社通信社，由罗学瓒负责，向国内发稿，报道留法勤工俭学和华工运动的情况。蔡和森、李富春、向警予以及其他一些新民学会会员、工学世界社社员都曾经往国内报刊投过稿件。大部分稿件都是经毛泽东同志转递。"（《回忆与研究》第 20 页）父亲当时也投稿件。据《日记》1920 年 9 月 9 日记载："子（肖三，肖子升弟）有来信，表示他对写通讯大概方法：1. 在工厂或在学校及凡到法后的一切经过情况。2. 所在工厂的调查。3. 所在地的社会实地的观察。4. 所在地华工状况。"10 月 4 日记载："子来信，附来通讯稿二。"同年 10 月 29 日，父亲在法国给佛尔工厂做工时，写了一篇《我的做工感想》，就是由罗学瓒寄给毛泽东，并由毛泽东推荐到湖南大众报上发表的。

另外，《日记》中还记载了父亲同长沙文化书社联系，文化书社的

附录二

保定

性质，李维汉《回忆与研究》中有记述："'文化书社'于 1920 年 9 月
由毛泽东同志亲手创办……书社不仅是宣传新思想，新文化，宣传马克
思主义的一个重要阵地，而且是我们留法会员与国内会员……的联络
站。"《日记》1921 年 6 月 9 日记："下午因工学世界社社务事，此间同
人在森林（巴黎郊外的一个森林，为工学世界社的重要活动场地）中
谈话。关于合作社运动，决定在法国方面暂时组织个团体，名为消费合
作社运动，对国内长沙方面，立刻以团体名义去信，要长沙发动，一面
作文字宣传。"6 月 19 日："李富春提起组织书报消费合作社的事。因
为近来长沙文化书社付来一百余元书籍，不久又会有二百余元书籍寄
来。既有这么多书籍，自必要一个较固定的组织，并且为续继计，也要
想个长久的办法。所以由富春拟个草章，暂行作消费合作社的组织
……"7 月 13 日："今天单就'甚么是消费合作社'，按李富春原稿的
意思，略加修改，将以之寄长沙。"从以上这些材料看，毛泽东是通过
新民学会及工学世界社，随时关注着万里以外这些同学的活动的。父亲
也通过这些活动，同在长沙的毛泽东保持着联系。他们之间的直接通
信，据《日记》记载（1919 年全年到 1920 年 8 月这一段日记遗失），
只有一次：1921 年 1 月 31 日，"上午十时与李富春、智山三人打弹子
一小时。下午写家信工字第一号，写润之、之（周世钊）一封；又接
赵谦信一，复信一。"晚看 R、B（即《俄国的布尔什维克》）半页。"

在风起云涌的大革命时代，父亲曾先后在湖南省委和北伐军中工作
过，他与毛泽东是否有过什么交往，目前是找不到什么资料了。但毛泽
东却还记得他。1943 年 7 月，当我叔叔贺绿汀刚到延安时，毛泽东即
问过他："你是宝庆（邵阳）人，我们是同乡呵！贺果这个人你认识
吗?""是我三哥呵!"毛泽东高兴了，说："贺果是我在长沙第一师范
的同学!"

建国后的交往

贵州解放后不久，父亲即奉调贵阳，任市教育局局长一职。1951
年，他将自己的工作情况写信向毛泽东作了汇报。那一年，恰好有一位
外国总统（似乎是苏加诺）来华访问，报载，这位总统邀请毛泽东回
访，毛接受了。父亲当时十分担心毛泽东出访中的安全，信中也有表

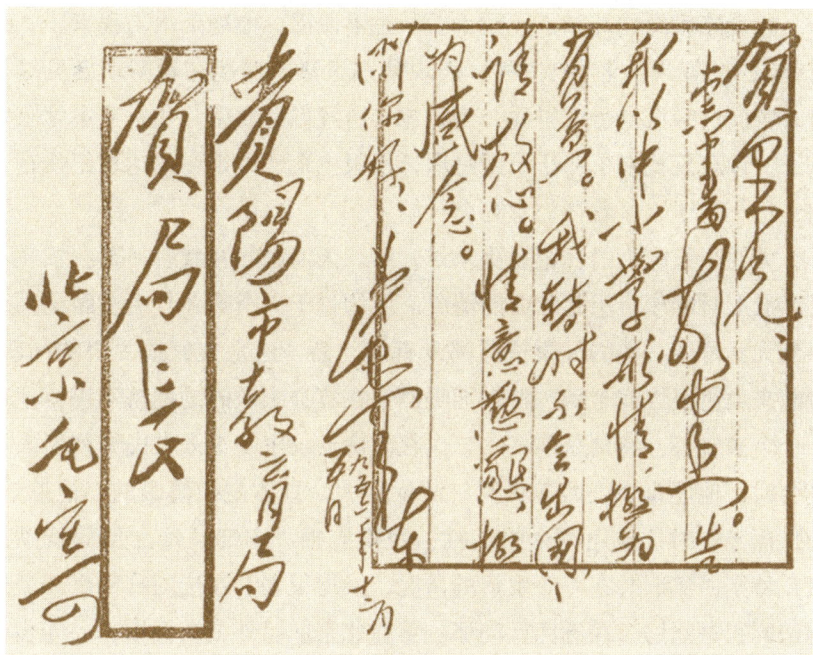
毛泽东给贺果的回信

示。没料到毛泽东及时回了信，且称谓如旧："贺果兄：惠书敬悉。告我以中小学形情，极为有益。我暂时不会出国，请放心。情意勤恳，极为感念。问你好！弟毛泽东，1951年12月5日。"

1956年元月，父亲应邀列席全国政协会议。这时，父亲才在时隔三十多年后，再次见到毛泽东，昔日的同学，如今成了共和国的领袖，那番激情，那番感怀，自不待言。他在1956年2月6日的日记中记道："归新侨（饭店），统战部张同志通知，今天毛主席在怀仁堂请客，事先要我去见面。六时半统战部车来接。到统战部与李部长和笙（维汉）兄一道赴怀仁堂，在东休息室一间小客厅里候见。当时毛主席尚未至。我们到礼堂里参观会场改建形式。过十分钟，有人通知，谓毛主席已到。我们复回小会客厅。毛主席一人在，握手时说：'你是贺果，我以为你不在了！没有信来，我还不知道你还在呢！'谈些同班同学的情况和我过去的一些简单情况。和笙兄提起我是立三路线下脱党的。他说：'你不离开立三路线，恐怕性命也没有了。'后面周总理出来了，他已不认识我了。我们只1930年在上海一个小旅馆里见过面，事隔廿多年了。接着陈毅副总理来了，握手后谁也不说话，他终于认出我来了，开口就说：'贺果，老朋友嘛！'表现特别亲热。提起在新四军会见绿汀时，曾问过绿汀是否认得我，当时才知道我们是兄弟。最后毛主席陪客去了，和笙兄找来了邓小平副总理，面很生疏，说是在蒙达尔纪住在一块，记不清了。接着怀仁堂宴会开始了。"

大约当天晚上的日记意犹未尽，第二天清晨又补叙了一番："2月6日，晨七时起床，想起昨夜的情况。大约过于兴奋吧，与毛主席见面时感到无话可说，他的健康情况都没有问句话，这是大家最关心的问题。看起来面色很红润丰满。特别能喝酒，在宴会中敬酒的拥挤不堪，他还一个个来碰杯。特别是前一、二次在政协会议中的工人农民与列席人员宴会时，他还每个人回敬喝酒。酒量很大。身体是很健康的。他抽烟，初见面坐下时，他还拿烟给我抽，我没有抽。李部长这次见面特别高兴，特别回忆旧时在一块生活的情况，谈得很多。在法国哈佛洛和蒙达尔纪同租一间房。在五四运动那一年在北京前门外湖南会馆，一同步行到地安门附近杨怀中先生家去的情况。当时毛主席就住在杨先生家。"

由于这是建国后第一次离开贵州，离京后父亲即绕道上海去看望贺

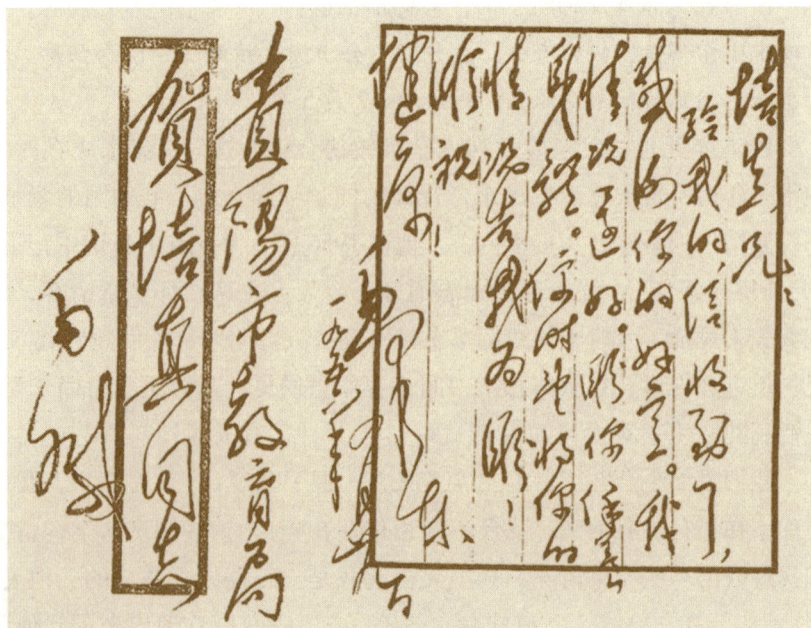

毛泽东给贺培真的回信

绿汀，又回老家省亲。直到 3 月 7 日才回到贵阳。到家后，便给毛泽东写了一信，毛泽东也于 4 月 29 日回了一信："培真兄：给我的信收到了，感谢你的好意。我情况还好。盼你保养身体。便时望将你的情况告我为盼！顺祝健康！毛泽东 1956 年 4 月 29 日。"

父亲与毛泽东的见面，据《日记》记载还有一次，时间是 1962 年 4 月 15 日："今天下午二时半，在怀仁堂和周世钊同志一道见了毛主席。谈了约 20 分钟。毛主席的健康很好，他说血压和心脏都正常。只是最近从南方来，到北京伤了点风。我要求他几时到贵州走走，希望在贵阳见到主席。最后把李维汉部长的健康情况不好，要休息的意见报告主席，他也首肯。"

1964 年 12 月，父亲出席全国政协四届会议。会议期间适逢毛泽东生日。周世钊约他联名致函祝贺，这次大约毛泽东较忙。直到 1965 年元月 5 日会议闭幕，一直没有消息。父亲即随团返筑。回贵阳不久，即接到周世钊来信，告诉他，在离京后几天，主席在家请章士钊、周世钊等几位湖南同乡同学吃饭，席间主席还问起父亲行止，周说刚离京，主席还表示惋惜。毛泽东的两封亲笔信，父亲一直视若至宝。在"文革"中，李再含于 1968 年点了父亲的名，说是邓小平安插在贵州的钉子之一。父亲因此于 4 月 16 日被收押在豺狗湾看守所内。其间造反派来抄家，无意中从箱子里抄走了这两封信。也许是两封信起了作用，父亲在关押不到一个月后，于 5 月 13 日被释放回家。工资也照旧发放。这两封信，父亲一直在追索，直到 1973 年 2 月 9 日才交回父亲手中。大约是 1976 年初，当时在中国革命博物馆工作的贺龙的女儿贺捷生亲自到家里来，征走了两封亲笔信。

133

（贵州省政协：《文史天地》2001 年第 1 期）

保定

附录三

游保定日记

蔡元培

　　保定离北京甚迩，有一二故人在彼中学校任事，屡以演说相招，因彼中各校每星期六有演说会也。平日羁于校务，不能往，及年假时践约，以1月5日（1918年）早车行，12时抵保定，即赴育德中学校。午后参观省立第六中学校，演说中学校学生，当以科学美术铸成有自治能力之人格，庶升学后受放任之待遇而不致堕落。晚间在育德中学校演说，提出自由平等友爱为德之大纲，而所以育之者，仍不外科学美术。

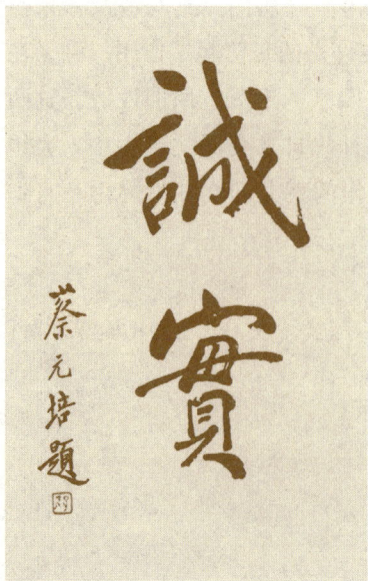

蔡元培题词"诚实"

又以育德中学校学风，尤重勤俭二字，并说勤俭之风与自由平等友爱尤有密切之关系焉。

　　六日午前参观直隶公立农业专门学校，演说世界大势将由都市的工商联合政策而转为乡村的农工联合制度，于人类之体魄及品性皆大有关系。故农业学校学生当知农业为平民的而非贵族的，实践的而非理论的，进化的而非保守的。故学生在校时，当注重实习，留意普通农人之习惯，庶毕业后得实地施行，而不至以农商部或各省实业厅职务为归宿。

　　是日李石曾君亦演说，大意谓农

业之进化与全世界之进化有重要关系，而中国农业之进化，尤与世界农业进化有重要关系。姑举两端言之：（一）生理上之关系。人类当以蔬食为正轨。中国人多蔬食，故农业偏重种植而不尚畜牧，与欧美之务肉食而重畜牧者不同。将来必可推行于世界。（二）组织上之关系。农业非用机械不能进步，而机械非大地主不能置，是一困难。今欧洲各国，有农业组合，既得机械之益，又不受大地主之害，为我国所宜取法云。

午后参观直隶第二女子师范学校，因校长见告，此校以造就"良妻贤母"为鹄，以"诚敬勤俭"四字为校训，故演说时提出"勤谨"二字。"勤"字分为勤于学及勤于事两项；"谨"字则为不敢放肆、不敢奢华、不敢骄慢三项：无非申明校训以坚学生之信而已。晚游保定公园，即莲池书院旧址。在园中晚餐，座间商定在保定设华法教育会支部。夜回育德中学校，复为高等留法预备班（中学毕业生所组织）说俭学会及勤工俭学会之概略。

7日7时30分行，12时抵北京。

鄙人在保定之经历如此，而7日之《民强报》所载，有所谓"中央政闻社"者，谓鄙人以秘密事件赴保定，不知参观与演说何所容其秘密也。谨布右之日记以释疑。蔡元培志。

（《新人生观·蔡元培随笔》，北京大学出版社 2010 年版）

保定

附录四

《勤工俭学传》序

蔡元培

1915 年，李石曾、蔡元培在法国巴黎成立"勤工俭学会"。《勤工俭学传》为该会会刊。会刊以中法两种文字介绍富兰克林、卢梭、傅来尔等名人勤奋学习的事迹，以鼓励华工勤奋工作，节俭求学。该序是蔡元培先生为《勤工俭学传》第一册所作。

孟子有言："一人之身，而百公之所为备，如必自为而后用之，是率天下而路也。"盖吾人一身之需要，未有不借他人所作之工以供给他人之所需要，顾吾人何以能受供给而无愧？曰，吾人所用之工，亦所以供给他人之需要，通功易事。惟人人各作其工，斯人人能各得其所需。神农之教曰："一夫不耕，或受之饥，一女不织，或受之寒。"苟有一人焉，舍其功而弗事，则人类之中，必有受其弊者。是以作工为吾人之天职。

洒扫，至简单之工也，而《管子弟子职》篇著其法；农圃，至普通之工也，而孔子自谓不如老农老圃。工无大小，无繁简，鲜有不学而能者。故自古有试图传授之制。而今之实业学校及职业补习学校，几举吾人所作之工——为教授之设备，是学而后工也。且古谚有之曰："巧者不过习者之门。"习于工者，往往能自出新意，符同学理。吴士德因煮水而悟蒸汽之理，福格林因售药而窥化学之奥，比尔因织布而悟印花布之术，工之中自有学在也。然则吾人当作工时代，固已有预备之学力，而且即工即学，随在即是，似无待他求焉。虽然，学之范围至广大，决非一工之能赅；而吾人嗜学之性，亦决不能以学之直接隶属于工者为限。吾之作工，必以物质为原料，则矿学生物学及化学之所关也；吾之作工必以力，则重学机器学之所关也；吾之工必有数量，则数量之所关也；吾之工必有形彩，则美学之所关也；吾之工所以应他人之需要，则生理心理人类社会学之所关也。盖学之不属于工而与工有密切关系者，所在皆是。吾苟择其性之所近者而随时研究之，其能裨益于吾工者，绝非浅鲜，而且令吾人作工之时，亦增无穷之兴趣。次绝非无人所可忽视也。又吾生有涯，而知也无涯。饮食渴饥，可以度日矣；而其理之饥渴，或甚于饮食。好好色，恶恶臭，足以表情矣；而美感之冲动，有逾于色臭。列如发拉第业钉书，绘学之于理发，若不相涉也，而好学也若是。吾国古人有以桶匠而谈易者，有以饼师而吟诗者。《易》之于桶，诗之于饼，若不相涉也，而好学也若是。然则吾人之于即工即学以外，又不能无特别之学问，不可诬也。

虽然，通功易事，最完全之制，如吾人理想所谓"各尽所能，各取所需"者，尚未能见诸实行也。现今社会之通工易事，乃以工人之工作，取得普通之价值，而后以之购吾之所需。两者之间，往往不能得平均之度；于是以吾工之所得，易一切之需要，常揣揣然恐其不足焉。吾人于是济之以勤。勤焉者，冀吾工之所得，倍蓰于普通，而始有余力以求学也。顾勤之度终有际限，而学之需要或相引而日增，则其道又穷。吾人于是又济之以俭。俭焉者，得由两方而实行之。一则于吾人之日用，务搏节其不甚要者，使有以应用于学而不匮。弗拉客蒙欲赴罗马而习造像，与其妻日节衣食之费，五年而旅费乃足。律宾斯敦执业棉厂，而研究拉丁文及植物学医学，所得工资，从不妄费，而悉以购书。是其例也。一则于学问之途。用其费省而事举者。书籍，学者所需也，吾力能购则购之，否则如伯律敦之借用于书肆，吴尔之借钞于友人，可也。仪器，学者所需也。吾力能购则购之，否则如伯拉客之以一水锅两寒暑表治热学，弗具孙之以毡一方珠一串治星学，可也。勤于工作而俭于求学如是，而犹不足以达吾好学之鹄的，宁有是理耶？

昔者李石曾、齐竺山诸君之创设豆腐公司于巴黎也，设为以工兼学之制；试之有效，乃提倡俭学会。俭学会者，专持以俭求学之主义者也。而其中有并匮于俭学之资者，乃兼工以济学。其与豆腐公司诸君，

137

附录四

保定

虽有偏重于学及偏重于工之殊，而其为工学兼营则一也。继豆腐公司而起者，有浃泊（人造丝）厂诸君。人数渐增，范围渐广。于是李广安、张秀波、齐云卿诸君，按实定名，而有勤工俭学会之组织。由此勤于工作而俭以求学之主义，益确实而昭彰矣。

李石曾君又有见于勤工俭学会之举，由来已久，而其间著名之学者，各具有复杂之历史，不朽之精神，类皆足以资吾人之则效，而鼓吾人兴会，爰采取而演述之，以为《勤工俭学传》，月刊一册，华法对照，俾读者于修养德性之余，兼得研寻文字之益。其所演述，又不仅据事直书，而且于心迹醇疵之间，观察异同之点，悉之以致新至正之宗旨，疏通而证明之，使勤工俭学之本义，昭然揭日月而行，而不致有歧途之误，意至善也。余既读其所述樊克林、敷来尔、卢梭诸传，甚赞同之，因以所见述勤工俭学会之缘起及其主义，以为之序。时民国四年十月三十日也，蔡元培。

（《蔡孑民先生言行录》，岳麓书社 2010 年版）

简述保定对留法勤工俭学
运动的贡献（节选）

王会田

20 世纪初，发生在亚欧大陆的留法勤工俭学运动，"给有志改造中国的青年提供了寻找真理、解放思想的环境、借鉴和门路"。它对马克思列宁主义在中国的传播，中国共产党的建立和发展，中国人民反帝反封建斗争的胜利以及西方先进科学技术的输入，中法人民的友谊与文化交流，都产生了重大的影响，为中国革命和建设造就了一大批德才兼备的领导干部和优秀的科教人才。留法勤工俭学运动的历史功绩已昭然于世，载入史册，这里不必赘言。然而，却鲜有人知这个运动的发祥地是在保定，当然也就不明白中共中央把留法勤工俭学运动纪念馆建在保定的原因。

一、布里村豆腐训练班

保定市高阳县布里村豆腐训练班（训练人做豆制品）的创办，可说是留法勤工俭学运动和整个旅欧教育运动的发祥。

中国人吃豆腐的历史悠久，但专门为做豆腐开办训练班，并把卖豆腐这一行办成跨国公司，闯进法国市场，笔者知道最早的当数保定市高阳县布里村。

1902 年，清末大学士、三代帝师李鸿藻（高阳县人）的儿子李石曾（名煜瀛，同盟会员）到法国留学，在蒙达尔纪农业专科学校和巴黎巴斯德学院攻读生物化学，成绩卓著，1907 年出版了法文版《大豆的研究》，因之，萌生了创办"巴黎中国豆腐工厂"，把中国的豆制品引入法国，以实验大豆的功能和实验勤工俭学的想法。主意拿定后，随即回国，到他的家乡高阳县布里村，找好友段宗林（号子均，同盟会员，曾任北大庶务科长），商议招股集资，在本地开办豆腐训练班和在巴黎创办中国豆腐工厂的计划。这样，不仅使工人们可得温饱，兼可对他们施一相当教育，开阔狭窄眼光，启开闭塞心理，认识机械电力，渐习科学技能，习惯集体生活，克服涣散流弊。若能如愿实施，于国于家均有裨益。对此计划，二人一拍即合。段宗林当即把自家的香油作坊改成豆腐作坊，制备工具，贴告示招工。

当时农村百姓都有穷家难舍、故土难离心理，巴黎好像远在天边儿，报名应招之人开始不多。后来被优厚待遇的吸引和对法国情况的逐渐了解，又都是本地老乡成群搭伙地去，胆子也就大了起来，应招人数逐渐增多。其条件是，赴法前，豆腐工厂与工人们订立合同，发给制装费、路费和部分安家费，每期四年，四年后可自由回国或留厂工作。

从 1908 年至 1913 年，共有四批 68 人赴法，均为男性。

第一批 5 人，1908 年赴法。

第二批 10 人，1909 年赴法。

第三批 10 人，1910 年赴法。

第四批 43 人，1913 年赴法。

第四批赴法的工人，没在布里村豆腐作坊培训，是经豆腐公司经理齐竺山等人在法国成立的"劝工公司"（专门招募华工到法国做工的临时组织，亦名"工余俭学会"）在高阳县一带招收的。他们到巴黎后，一部分人进入豆腐工厂，其余人分别进入地涑泊、菲斯沟司、瓦尔斯等人造丝厂做工。以上四批华工赴法路线是从北京乘火车出发，途经天津、沈阳、哈尔滨、满洲里，穿苏俄的西伯利亚，经莫斯科、德国柏林，最后到达法国巴黎，行程约十八天。

二、巴黎中国豆腐公司（工厂）

巴黎中国豆腐公司是勤工俭学的实验基地。

对创办中国豆腐公司，李石曾说："弟之组织豆腐公司，亦以维持机关为宗旨。""该公司的组织本来含着两种意思，一是实验大豆的功能，一是实验勤工俭学的可否。"因其产品均是自产自销，所以既叫工厂又称公司。李石曾聘请的齐竺山既是厂长又是经理，而人们习惯用公司和经理的称呼。

该公司坐落在巴黎西北郊的拉卡莱纳·戈隆勃。主体厂房为两层楼，内有电机设备和化学室，另有办公配楼和杂用平房。厂外有工人宿舍。其生活环境和工作条件之佳，远非高阳县布里村的豆腐作坊可比。公司的四十多名华工，都是高阳籍或附近人，此前，欧洲向无华工。巴黎当时流传着高阳县是"华工之乡"的美称。

公司除了生产中国传统的豆腐、豆浆、豆腐丝、豆腐干外，还生产法国人习惯食用的豆可可、豆咖啡、"豆腐皮、豆腐块、酱油、点心以及各种罐头食物，滋味优美，法人喜食之"。其豆腐丝的弹性似猴皮筋儿，豆腐干儿的硬度能刻图章，其产品质量在巴黎万国食品博览会上享有很高声誉。孙中山到巴黎参观豆腐公司时，对李石曾的创业志趣倍加赞赏。《孙文学说》第四章即有记述："吾友李石曾留学法国……以研究农学而注意大豆，以兴开万国乳会而主张豆食代肉食，远行化学诸家之理，近应素食卫生之需，此巴黎中国豆腐公司之所由起也。"

在第一次世界大战中，法国遭受巨大创伤，工厂停工，经济凋敝，物价飞涨，法郎贬值。"大战前1公斤面包25生丁，大战后175生丁。大战前1块银元合8法郎，大战后合20法郎。""当欧战方炽时，法人缺乏粮食，多取该公司食品以充饥，因而得利甚巨。"在牛奶面包极其缺乏的大战中，豆腐公司的产品成了抢手货，着实解决了巴黎地区食品短缺的燃眉之急。李石曾还动员豆腐公司的老华工将积蓄借给失工的勤工俭学生或勤工俭学会，助其渡过难关。老华工陈珍如1919年8月1日借给勤工俭学会1500法郎的收据，现收藏在留法勤工俭学运动纪念馆中。然而，八十年前的这笔账，勤工俭学会是永远无法还了。

李石曾因创办豆腐公司出了名，他后来成为了大教育家、国民党元老，但至今高阳老乡提起他，仍说他是个卖豆腐的。

那时的保定人勇于实验创新，敢闯国际大市场的开放精神，着实令人佩服。

三、"勤工俭学"的提出

保定人提出"勤工俭学"的主张，并建立了"勤工俭学会"。

豆腐公司先后从高阳招入的四十余名工人，都是文化很低的农民。为了提高他们的文化水平和工艺技能，李石曾在豆腐公司内办了一所夜校，实行"以工兼学"。工人们白天做工，晚间上课，主要学习国文和法文，另有浅显的数理化和修身等课程，李石曾亲自编写教材和授课，蔡元培有时也来给工人们上课。

豆腐公司的工人李广安、张秀波、齐云卿等，经过几年的"以工兼学"，有了一定的资本积累和科学技能之后，于1913年联合创办了一座"地涞泊人造丝厂"。他们仿照豆腐公司的做法，也在厂内办起了夜校，组织工人实行"以工兼学"。李石曾、蔡元培等曾到该厂参观并发表演讲，鼓励工人们"工学并进"。马志远在瓦尔斯人造丝厂也办起了工人夜校。一时，"以工兼学"在华工中蔚然成风。

李广安、张秀波、齐云卿等根据几年"以工兼学"的实践经验，正式提出"勤以工作，俭以求学"的主张。在李石曾、蔡元培的支持下，于1915年6月发起成立了"勤工俭学会"，其宗旨为"勤于工作，俭以求学，以进劳动者之智识"。豆腐公司这些施行"以工兼学"的工人，实际成了中国最早的勤工俭学生。

"勤工俭学会"的建立，拉开了留法勤工俭学运动的序幕。

四、巴黎华工学校

华工学校是保定市清苑县籍的华工杨梦游先生提议创办的。

随着第一次世界大战的激烈进行，法国的青壮男丁陆续奔赴前线，后方劳力十分缺乏。法国工部与李石曾商议招募华工之事，并签订了招工合同，合同中明文规定要对华工进行"以工兼学"的教育。为了在大批华工到达法国之前，培养出一批担负教育华工的师资力量和提供翻译等方面的服务人才，以解决新来的华工"语言不通，习惯不谙，应用于工艺之常识不足"等种种困难，勤工俭学会计划在巴黎等地开设培训班，组织已在法国工作多年、对法国社会较为了解、法语又较熟通的华工入班培训，以为应急之用。"在瓦尔斯人造丝厂中之杨梦游君等，谓与其半工半学，不若牺牲数月之工，专事学习，遂有在巴黎专设华工学校之议。"专设华工学校之议得到了法国政府和旅法华人在经济等方面的支持，于是，设在比热路8号巴黎东方语言学校内的华工学校于1917

年4月5日正式开学，入校学生24人和部分教员，均是保定籍的华工。他们主动放弃工作，自费进行全日制的学习。教员们均是尽义务。华法教育会曾赞扬说："学生进步之猛，实足为教员之荣幸，而为吾人始愿之所不及。"他们在学校学习不到半年，便应法国政府之请，投入到紧张的接待大批华工的工作之中。其中，豆腐公司的马志远，后来成为著名的华工领袖。这段"以工兼学"的活动，实是留法勤工俭学运动的前史。

五、"布里留法工艺实习学校"（亦称"留法勤工俭学会第一预备学校""留法勤工俭学会初级预备学校"）与"留法工艺学校"的建立

袁世凯死后，被迫流亡法国的李石曾、蔡元培等相继回国，继续倡导旅欧教育。1917年4月，中断四年的北京留法俭学会恢复活动。5月，华法教育会和留法勤工俭学会在北京相继成立。这三个会所几经搬迁，最后迁至南湾子石鞑子庙，"'三会'的会牌从这以后才挂出来"，成为推动留法勤工俭学运动的总机关。高阳县布里村"布里留法工艺实习学校"应运而生。之后，全国很多省市争相效仿北京和保定的做法，成立华法教育会，并先后建起各类形式的留法预备学校、班二十余所，轰轰烈烈的留法勤工俭学运动在中国大地勃然兴起。

布里村位于高阳县东南18华里的潴龙河畔。1917年夏，李石曾到布里村看望好友段宗林，时逢村边的潴龙河发大水。他看到村民们在紧张的防汛期间还提着小油灯到村里的"半夜学堂"学习，感动之余，遂在"半夜学堂"即兴演讲。他以潴龙河发水为题，讲述如何学习法国的科学技术，变水患为水利。老乡们听呆了，都觉得很新奇。布里村在十年前曾是李石曾的巴黎中国豆腐公司招募和培训工人的基地，学风很盛。十年来，豆腐公司的工人"经常给家乡的亲朋写信，介绍在法国的生活、劳动和学习情况。1917年前后，部分豆腐公司的工人由法国回高阳探亲，又亲口向乡人们叙述了在法国的情景，使高阳县的群众感到法国并不那么遥远，出国也不那么怕"。在这里创办留法预备学校"教者易得其人，学者亦极踊跃"，十分适宜。经磋商，即选定本村段宗桂家一个三合院为校舍，段宗桐为校长，巴黎中国豆腐公司回家探亲的工人齐连登、张秀波、曹福同为法文教员。办学计划决定之后，李石

保定

曾即向教育部呈文备案，呈文中另附上了《保定各乡村勤工俭学预备学校试办简章》，教育部很快批下了李石曾的上呈，于是，张贴布告，招生考试。

李石曾的原呈：

具呈人李煜瀛等为设立勤工俭学会预备学校请予立案事。窃维我国今日实业教育实为当务之急，而所重者又不仅在厚资大业之经营，其小工小农之职业教育与普通社会尤有密切之关系。近来赴海外之侨工日多一日，若能先与以相当之教育，始渡重洋，俟其返国所益于国民生计智识者必多。职此诸故，前与同志在法国组织勤工俭学会，近将于中国各省组织该会预备学校，以为以工求学之预备。其详细情况另见说明书。附呈鉴核，敬乞准予立案，实为公便，特此敬呈。

从李石曾给教育部的呈文和教育部的批示中看，"布里留法工艺实习学校"的建立，是李石曾在全国各地建立留法预备学校计划的预演和开端。

报考的学生国文和算术考试合格后，还要考体力。体力考试是在一个打麦场两端各立一木杆，考生担着两筐约一百斤重的黄土绕杆行走一周者视为合格。李石曾、段宗林等站在场内监考，老乡们和应考的学生站在场外围观，很是热闹。"布里留法工艺实习学校"就这样建立起来了。这是全国建立最早的唯一一所专门培养留法勤工俭学生的学校。但因校舍小，没有实习工厂。

第一期"实际录取的人数约有六七十名"，多是高阳及附近县的学生。由于此期人多教室少，学生们上下午分班上课。学习不满一年，于1918年春即毕业，毕业生各获一张中法文对照的毕业证。

为适应形势的发展，主要是赴法后勤工的需要，李石曾、段宗林、段宗桐等买下本村一块地，于1918年秋建成一所新学校，请高、蠡两县名书法家、布里村的张卓甫书写的新校名——"留法工艺学校"。新校除教室、办公室、宿舍、食堂和小花园外，重要的是设立了实习工厂，以打好赴法后的勤工基础。蔡元培特为该校题写"业精于勤"横匾，挂在实习工厂车间的墙上。学生们在实习工厂学得了一定的工艺技能，赴法后均能顺利地进入工厂并能胜任技术性工作。"1919年5月抵法的勤工俭学生，二十余人直接进入工厂做工，他们以来自保定布里村留法预备学校的学生为主。"

新建学校的资金来源于热心人的捐款、卖彩票、请梅兰芳等名艺人义演等。段宗林捐出自家祖坟后的 12 亩地供建新校打井脱坯、建窑烧砖用。段宗林的族兄段宗扬拆了自家的一座旧楼,将砖瓦木料捐出建校,高阳县由此传出"布里有个段宗扬,拆了南阁盖学堂"的佳话。马宝来因监工建校操劳过累而病故。布里村这些仁人志士的创业与奉献精神,实让后人敬仰!

新校建成后,面向全国招收了第二期学生,约 60 人。本期学生分北方班和南方班,北方班多为河北籍,南方班均为湖南籍,故又称湖南班。中国共产党的早期创始人之一蔡和森即在此班。1919 年春,因学校师资的变化和赴法经费等原因,蔡和森赴京,南方班的学生集体转入保定育德中学附设的留法高等工艺预备班学习。

1919 年秋,该校招收第三期,仍分南北两班,1920 年夏毕业。因法国蒙受欧战创伤严重,经济凋敝,"留法勤工俭学的形势急转直下,布里村留法工艺学校停止招生"。

留法勤工俭学生、原中国人民解放军总政治部副主任傅钟同志在题词中写道:"勤工俭学,旨在济世,回首当年,喜怀旧址,布里巴黎,千载情炽,今日挥毫,用以励志!"他把中国的布里村和法国的巴黎城紧紧连在一起,可见该校在留法勤工俭学运动中的地位与影响。

六、保定育德中学附设留法高等工艺预备班

1917 年夏,李石曾、蔡元培到保定育德中学参观并发表演说,建议在该校设立留法预备班。当时的校长王国光与李石曾是高阳同乡,又是挚友,育德中学曾多次得到过李石曾的帮助,留法勤工俭学的宗旨与育德中学当时的"教育实用主义"正好相合,且育德中学的教职员多是同盟会员,改革气氛甚浓,故该建议极得广大师生的欢迎,即刻决定筹建"留法高等工艺预备班"(简称留法班),原来的校办工厂兼作留法班的实习工厂。8 月,面向全国招生。

……

留法班实习工厂设有锻、锉、钳、机加工、木工等技术工种,学生们在工厂轮流实习各工种,收效甚大,故赴法后无论是做工还是求学,

保定

都比较容易，且成绩优秀。"查育德留法班毕业学生工艺技能较他处尚优。""其中尤以保定育德中学及北京高工学校之学生在彼成绩为最佳，无非因其在中国之时，法文与工艺预备有根底，故到法后不感困难耳。"育德中学留法班教学设备之良、师资水平和教育质量之高，其他预备班均不能与之相比。

……

保定育德中学留法班于1917年8月招收第一班，生源多为育德中学应届毕业生，计31人。1918年9月招收第二班，计86人。本期学生湖南人最多，其中有从布里村转来的一部分学生，故有"湖南班"之称。李维汉、李富春就在本班学习。毛泽东即是在此时由北京到保定来看望湖南学生的，《贺果日记》中有详细记载。1919年秋招收第三班，计63人。刘少奇即在第三班。解放后在一次维修中南海的劳动中，刘少奇拿起刨子熟练地干起木匠活儿，在场的人们惊讶地问他什么时候学会的木工手艺，他自豪地说是在保定育德中学留法班的实习工厂里学的。1920年秋招收第四班，计33人。1921年毕业。此时留法勤工俭学运动在法国受到挫折，故本班学生未能赴法。至此，育德中学留法班停办。

七、直隶公立农业专门学校附设留法预备班

1920年9月，直隶公立农业专门学校（今河北农业大学，校址在保定市）也办过一期留法预备班，"招生30余名"。"农专增设留法班后，主要是养蚕缫丝，学习法语和农业知识。"《河北农业大学校志》第15页载："1920年6月，甲种农科第四班35名毕业，并呈准试办留法勤工俭学班。""9月，招收留法班一班。"本班生源一部分是本校应届生，一部分是社会招收，1921年毕业。其中大部分学生考中官费入里昂中法大学，回国后成为各行业的专家学者。

八、巴黎华侨协社

巴黎华侨协社是旅法华人的公共机关，其性质"略如中国之会馆及西国之协社，各种机关皆汇设其中"。"该社房地是中国豆腐公司高阳县工人捐资购买，斯时无组织名义，不能签购房地约，由社之主持人李

石曾、齐云卿二人出名签署的房契约，契纸存放公证人 M. PETTT5，RUE DE LA HOCHE（法律买卖房产登记处）处。该协社坐落在巴黎西北郊拉卡莱纳·戈隆勃，离豆腐公司不远，为法国别墅式建筑。它目睹了当年莘莘学子远涉重洋来到这里觅工、谋生、求学、奋争那段可歌可泣的悲欢史。

20世纪前，欧洲向无华工，自李石曾的巴黎中国豆腐公司建成后，始有数十名保定高阳县的华工赴法。欧战爆发后，陆续赴法从事战争勤务的华工达十四五万之众，战后，又有大批勤工俭学生涌入法国。众多华人的骤然聚集，在法国形成一个华人气候。"唐人街的状况，哥伦布也不免带点色彩了。"此时，实有必要成立一个为华人服务的机构。在众人的呼吁和中法两国政府的支持下，李石曾与齐云卿牵头集资捐款，买下了这所房产。1919年8月31日，召开了"华侨协社"成立大会，随后，华法教育会、勤工俭学会、华工工会、中法协进会、国外工商图进会、巴黎通信社、华工杂志社、法文补习班等十几个社团设入其内，其工作秩序井然，环境清静卫生，深受中法人士的赞许。协社每周还邀请中法名士即兴演讲，内容丰富，生动活泼，听者踊跃。"豆腐公司的工人亦多往听。"这里成了旅法华人的一个"家"。法国政府顾问于格儒的美国夫人捐赠了一座军用活动帐篷架在了协社后院，帐篷内桌椅、火炉、杯盘、刀叉等用具一应俱全，用以安顿候工候学的勤工俭学生。

欧战后，经济危机席卷了整个欧洲，而法国尤甚。在此动荡不安的社会状况下，再安排大批勤工俭学生进厂入校已是不可能。至1920年底，失工失学的学生越来越多，协社的楼上楼下、地下室、客厅和后院的帐篷内，都挤满了候工候学的学生。起初，李石曾的豆腐公司每日供学生们两餐饭食，组织他们复习法文。时间一长，逐渐支撑不住，面包和白开水也供不起了。据老华工和勤工俭学生回忆，豆腐公司亏空越来越大，以至办不下去的重要原因之一，就是受了勤工俭学生的拖累。对此状况，中法政府曾成立监护委员会负责发放维持费以维持勤工俭学生的生活，但因勤工俭学生领导和参加了向中国驻法使馆请愿的"二八运动"和"反对中法秘密借款的斗争"，中法当局遂停发了他们的维持费，并扬言把勤工俭学生全部遣送回国，使得本来在校的学生因交不起学费又被校方纷纷遣退，华侨协社又涌进了一批穷学生，这里成了勤工俭学生的避难所。"该社遂主要为留法勤工俭学生服务。……它在倡行勤工俭学、具体接待、安排勤工俭学生等方面，所起作用是显著的，亦是其他任何团体也不能相比的。""途穷了，终须改换方向，势单了，力薄了，更须联合起来。"在严酷的社会现实面前，以在高阳县布里村留法班和保定育德中学留法班毕业的蔡和森、李维汉、李富春为代表的"蒙达尼派"和以赵世炎、李立三、王若飞为代表的"勤工派"终于联合起来。1921年9月6日，主要由蒙达尼派发起并有各地代表参与的会议在巴黎华侨协社召开。会议决定成立"各地勤工俭学生联合委员会"，他们被迫铤而走险，在这里掀起了"争回里昂中法大学的斗争"，试图全部解决勤工俭学生的生存与求学问题。

九、里昂协和饭店

在里昂中法大学的左前方不远，有座小楼，名曰"协和饭店"，是巴黎中国豆腐公司的华工高阳县布里村段秉鲁、段秉武兄弟开设的。中式饭菜，实惠便宜，对勤工俭学生更是照顾。店主曾把二楼的一间工人宿舍腾出，长期廉价租给勤工俭学生张若名（女，保定清苑县人，在法获博士学位）、郭隆真（女，邯郸大名府人）居住并按月包饭。进驻里昂中法大学的斗争掀起后，协和饭店成了"各地勤工俭学生联合委员会"和125名进驻里昂中法大学"先发队"的联络站，有力地配合支援了勤工俭学生争取"生存权、求学权"的斗争。

（赵静、王会田：《留法勤工俭学运动》，解放军文艺出版社2004年版）

李石曾与留法勤工俭学运动

公孙訇

留法勤工俭学运动是中国近代史上的一个重大历史事件，是五四运动的重要组成部分。它使一批见闻塞闭、有志报国的中国青年学生越出国门，赴法留学，进而开阔了眼界，增长了见识，提高了认识社会和改造社会的能力，遂致许多热血青年走上了革命道路。然而，长时期以来，史学界对留法勤工俭学运动史的研究是很不够的，甚至有不少文章对这一运动的主要发起人和实际组织者李石曾也不能实事求是地论述。笔者为了客观地评价李石曾在留法勤工俭学运动中的地位和作用，特撰拙文，以就教于史学界诸位同志。

李石曾是留法勤工俭学运动最早的也是主要的发起人

留法勤工俭学运动起源于辛亥革命前后兴起的留法俭学和旅法华工教育活动，这一系列的活动是与著名的革命民主主义者和无政府主义者李石曾密不可分的。

李石曾，名煜瀛，字石曾，人皆以其字称之，河北省高阳县人，出身于官宦之家，其父李鸿藻为清王朝军机大臣、协办大学士，因此少年时代的李石曾就被清廷赏荐为户部郎中、道尹、盐运史等官衔。其幼年师从齐禊亭学习经史子集。齐先生是一位思想进步的学者，他不鼓励李石曾作八股与试帖诗，而是向他传播某些民主思想及自然科学方面的知识，使李石曾从幼年起就憎恶黑暗的封建专制统治。

1902 年，李石曾随驻法国公使孙宝琦赴法留学，先进蒙达尔纪农业实用学校专攻农业科学，继之进巴斯德学院研究生物化学。就学期间，他鉴于巴黎牛奶供不应求，便开始研究中国大豆的营养成分与功能，发现大豆的营养价值无论是蛋白质还是脂肪含量都优于牛奶，于是决定把中国的豆腐制品介绍到法国去，从而萌发了在法国巴黎建立中国豆腐公司的想法。

李石曾为了在巴黎创办中国豆腐公司，便于1908年回国在高阳县布里村举办豆腐技术训练班，培训制作豆腐制品的技术工人。未几，便将自愿赴法的十余人带往法国。1909年中国豆腐公司生产出了中国豆腐和几种豆制品，受到了巴黎各界民众的欢迎，并获得巴黎万国食品博览会荣誉奖。该年6月孙中山至巴黎参观豆腐公司，极为赞赏，并著文写道："吾友李石曾留学法国……以研究农业而注意大豆，以兴开万国乳会而主张豆食代肉食，远行化学诸家之理，近应素食卫生之需，此巴黎中国豆腐公司之所由起也。"李石曾在法国创办中国豆腐公司之举既是中国豆腐制品技术传往国外的开端，同时也是他倡导留法勤工俭学运动的缘起。

中国豆腐制品在巴黎获奖后，李石曾信心倍增，决心再展宏图。当他计划扩大公司规模时，深感从家乡招来的三批42名青年工人的文化基础很差，不利企业发展。为了适应公司扩建的需要，他决定提高工人的文化素质。采取业余教育的措施，提倡"以工兼学"，即要求工人每晚学习两个小时的文化课。为此，设立了法文、国文、数学、化学、卫生、修身等课程。李石曾对工人要求很严，除学习外，还规定不许吸烟、饮酒及赌博。工人经过业余教育，收到良好效果，在工人中形成了一种"尚俭乐学之风"。

李石曾通过自己初到法国时的"苦学生活"和豆腐公司工人们勤俭求学的实践，逐渐认识到这是一种使国内青年以较低费用来法国留学的好方法。为了进一步达到"以工兼学"的目的，李石曾鼓励工人中有志于求学者"以勤工之积蓄为求学之资本"。实行"日间做工，晚间学习，亦可从事数年工作后，在经济上有了积蓄，而后脱离工作，进入专门学校，专门从事学习"。这一倡导深得华工欢迎，"烟酒赌博之风，为之绝无"。在实践中，李石曾又将"以工兼学"的方法发展为"勤以做工，俭以求学"。时，蔡元培抵达巴黎，对李石曾勤工俭学的创举十分赞扬，在他为李石曾撰写的《勤工俭学传》的序言中指出："昔者李石曾、齐竺山诸君之创设豆腐公司于巴黎也，设为以工兼学之制。试之有效，乃提倡俭学会。……由于勤于工作，而俭以求学之主义，益确实而昭彰矣。"

1911 年，李石曾回国参加辛亥革命。革命后他看到封建势力的猖獗和民智的低下，感到要改造这种状况就得提高青年一代的文化素养，就得学习西方先进国家的文化和科学技术。于是他提出了"改良社会，首重教育，欲输世界文明于国内，必以留学泰西为要图"。

李石曾把法国看作是世界上最先进的国家，首先提出赴法勤工俭学的倡议，先后联络吴稚晖、张继、张静江、褚民谊、齐竺山等人，于民国元年在北京成立了"留法俭学会"，从而发起了留法俭学运动。当时担任教育总长的蔡元培给予了大力支持。李石曾等人在北京开设了"留法预备学校"，招收青年学生数十名，补习法文和工艺课程，半年毕业后，第一期于 1912 年末赴法，实行俭学运动。

赴法俭学生在法国得到了满意结果，更加鼓舞李石曾将留法俭学运动推向前进。第一次世界大战期间，法国男子参军参战，一时使法国劳动力十分缺乏，法国政府为了弥补劳动力的不足，便派员到中国招工，致使数万名华工陆续抵达法国。李石曾为开展俭学运动和华工教育再次来到法国，除组织"华工俭学会"和"华工补习学校"外，又与法国教育界人士于 1916 年成立了"华法教育会"，中方由蔡元培任会长，李石曾任书记，吴玉章任会计。从此李石曾不畏艰难，奔走于巴黎北京之间，成为留法勤工俭学运动有力的推动者和实际的组织者。

李石曾是留法勤工俭学运动的实际组织者

为了更加广泛地掀起留法勤工俭学运动，李石曾首先利用报纸杂志进行宣传和介绍。1917 年 3 月 7 日在上海《中华新报》上发表了《留法俭学会缘起及会约》，4 月 18 日又发表了《移民意见书》，5 月 19 日再发表《与实社社员之谈话》，极力鼓吹、大力宣传留法勤工俭学的意义和途径。与此同时，他又倡导呼吁在全国各地相继成立"华法教育会分会"，以此作为各省区组织留法勤工俭学运动的主管机构。随后又在各地筹建留法工艺补习学校，并首先在其故乡创办此类学校。

保定

1917年6月，李石曾来到保定接洽开设留法勤工俭学补习学校事宜，他在保定育德中学师生大会上作了《留法勤工俭学之利益及其可能》的报告，全校师生大为震动，不少师生报名要求出国深造。

几天后李石曾回到故乡高阳与挚友段子均等人在布里村创立"留法预备学校"，9月25日呈报教育部备案。呈文指出："窃维我国今日实业教育实为当务之急，而所重者又不仅在厚资大业之经营，其小农小工之职业教育与普通社会尤有密切之关系。近来赴海外之侨工日多一日，若能先与相当之教育，始渡重洋，俟其返国所益于国民生计智识者必多。职此诸故，前与同志在法国组织勤工俭学会，近将于中国各省组织该会预备学校，以为以工求学之预备。"

此后在保定、北京、天津、上海、重庆等地设立留法预备学校20余所。每所预备学校的创立都离不开李石曾的筹划与捐资，还以卖彩票和组织义演等方式向社会募集资金。布里预备学校就是李石曾请梅兰芳、韩世昌、姜妙香和侯益隆四大名角在京义演筹集款项办成的。学校成立后，从招生、聘用教师到课程设置，都是李石曾根据留法勤工俭学的实际情况确定下来的。为了保证学生的质量，他在招生简章中规定学生的资格是："身体强壮，素有职业，尚未成婚，无烟酒赌博放荡之嗜好，粗通国文，得有切实保证者，均可报名入校。"课程的设置以法文、图画及工艺实习为主科，附以中文及普通知识。李石曾特邀早年在"巴黎豆腐公司"工作的段应华、齐连登和张秀波等人任工艺和法文教员。

从1917年至1920年，高阳布里预备学校共办三期，大约一百余人，其他20余所预备学校也大致如此。由于李石曾的精心组织，在短时期内培养了千余人的赴法勤工俭学生，为大规模的留法勤工俭学运动准备了必要的生源条件。他在总结这一运动时指出："留法勤工俭学，在战争以前，余及同志数人，即提倡之。嗣因欧战，海道中阻，曾稍停顿。但余回京后，即揭力进行，在京内外，设预备班数处，一面练习法文，一面学习工作，停战以后，此项同学，即陆续来法，实行勤工俭学之计划。"

李石曾十分关心并设法解决赴法勤工俭学生的实际困难和问题。这里，提一下他为湖南准备赴法的勤工俭学生解决困难之事。湖南最早响应留法勤工俭学运动的罗承鼎，当他听到赴法勤工俭学的宣传后，很快组织湖南青年投入了这一运动。遇到湖南军政当局的拒绝后，便偕同戴勋等人赴北京。首先会见主办留法勤工俭学运动的李石曾，诉说了湖南军阀统治的现状，李石曾深表同情与支持，立即帮助解决了住处和伙食，并安排他们暂进北京大学法文班听课。罗承鼎等人在京数月"客囊久空"，"李先生尝以数十元济之"。不仅如此，他还为湖南青年赴法奔走联络，待取得熊希龄、章行严等人的同情与支持后，又与侨工局磋商，经过努力才好不容易借得一笔款，专供湖南青年赴法之用。

1918 年 6 月，蔡和森为湖南青年赴法事宜来京，也是首先找李石曾接洽的，可见他在留法勤工俭学运动中的地位和影响。李石曾安排湖南青年 30 余名先后进高阳布里留法工艺学校和保定育德中学留法高等工艺预备班，补习法文和工艺课程。正因为李石曾对湖南青年学生的关怀，蔡和森等人才对李怀有真挚的情谊，在他们的通信中经常提到他的名字，充满了感激之情。他们称李石曾为留法勤工俭学运动的"中坚"。湖南之所以成为留法勤工俭学运动最活跃、赴法人数最多的省份之一，是与李石曾的支持与关怀分不开的。

1919 年夏秋之季，留法勤工俭学运动蓬勃开展的时候，李石曾信心百倍地说："勤工俭学现在已由提倡时代入于实行时代。今以数月之经验，已敢言完全不成问题。余深愿国中志趣坚定之青年，来此一试绝好之读书方法也。"

李石曾见国内各地的留法勤工俭学运动的道路已经开通，他又来到巴黎具体部署和迎接大批勤工俭学生赴法。青年学生赴法后由李石曾和他主持的"华法教育会"接待安排，精心照料。当时分为暂时读书与立时觅工两种，皆由李石曾接洽。

李石曾为了使青年学生早日赴法并以低价购买船票，他首先与法国海部官员交涉中国青年赴法船位，经多次交涉法国海部才答应特备一船专由上海至法国马赛运送留法青年学生，仅收船价的 2/3。这样一来更方便了赴法青年学生，并减轻了经济负担。从 1919 年 7 月起，在五个月内就争取了 500 个便宜的船位。青年学生抵达法国马赛后，多由李石曾亲自或派专人迎接，随后按照每个人的具体状况，即法语、技能程度和所带经费多少或送入工厂做工或送进学校补习法文。

李石曾利用他在法国的声望和关系与法国企业主和学校当局磋商留

保定

法青年入厂或入校学习事宜。"法国有些工厂，李石曾同他们很熟，写信介绍些学生加入，谓这是学生，不能作苦重工，工厂碍着面子，当然收下，安在机器房工作。"李石曾还请法国劳动会介绍所为学生介绍工厂。"李石曾先生对法国的工党很少联络，同学到各工厂虽难受人欢迎，对于找工作的事生许多阻碍，然李先生尽力为之，总还不至十分吃力。"学生入厂工作"皆系学习性质，此种办法，照理应当付钱与厂中，而近日反受厂中之补助费，……纯系侥幸，且靠李石老之面子，方能如此。"

李石曾除利用社会关系托朋友为学生找工作外，还不辞辛苦亲自去各地工厂为其找工作，"昼夜不遑"。例如："他到蒙达时，遇一法友业照像者，即便问之可带徒弟否？彼允带徒一名，于是有人可往学照像矣，顷又遇一法友业缝纫者，问可带徒弟否？彼亦允带徒弟一名，于是有人可以学习缝纫矣。诸如此类，有隙便入。"就是这样，为学生找工作"日日奔走经营，设法位置"。

李石曾对没有技术难觅工作的学生便与法国职业教育社所办的艺能专学习所交涉，"欲送学生前去学习，六月后，再另觅工厂做工"。对于既没技术又不懂法语者，乃先设法令其补习几个月法语，再设法使其学习一种技艺，分别送他们到蒙达尼、米兰等地中学补习法文或者学习工艺。他甚至关心学生在假期无工可做，便与所在学校联系"请于暑假内继续开班"。还为居住在巴黎的那些法文不好又无技能的同学，"于每个工厂中派一个老华人（多为豆腐公司的工人）作翻译，以便督促其学习法文"。

另外李石曾还十分关心中国女子赴法勤工俭学的问题，曾发函与北京彭志云先生计划女子来法做工，亦希接洽照料。为了解决女子赴法勤工俭学问题，他曾计划在巴黎设立一家刺绣工厂，招募中国女子去做工，并可以求学。

综上所述，可见李石曾对赴法勤工俭学生的精心照料，可谓关心备至，"几乎忙个要死"。正因为如此，留法勤工俭学生说："假使没有李石曾先生在此经营，而无技艺又不通法文者必不能觅得任何工作。是其所以能容纳吾国做工的学生，非是利用华工之鄙贱，实由于李石曾先生及华法教育会之力也。"他们异口同声地说："为我们办事的只有李先生一人。"留法勤工俭学生们评价李石曾："其为人宁静淡泊，遇事不

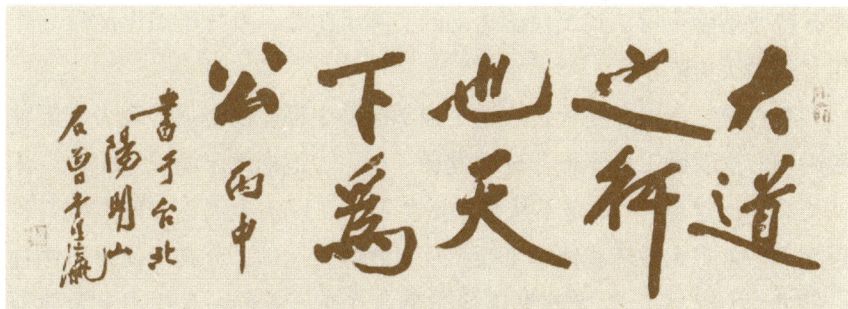

李石曾题词"大道之行也 天下为公"

忙，有诸葛之风。且事无大小必自经手。……终日无一刻闲暇，少空谈论，而专主实行。为此所以为近日数百旅欧学生及将来数千万旅欧学生之泰山也。"他们赞扬李石曾是"专欲使工读理想成诸事实，正辟留学途径，造福贫寒子弟，无丝毫作用存乎其间，心地光明开大，甚可钦佩"。"我们不能不佩服，不能不称颂李氏为实际的伟人。"周恩来、徐特立、蔡畅等人也承认李石曾是领导留法勤工俭学运动的领袖，是他们"信仰最深的人"。

毋庸置疑，倡导和组织留法勤工俭学运动的蔡元培、吴玉章、吴稚晖、张静江、张继、汪精卫等人也做出过贡献，但是要以翔实的史料为依据来评价他们中间的每个人在留法勤工俭学运动中的地位和作用，就不能不承认李石曾是居于首位的、起主导作用的，而蔡元培等人则次之。正如肖子暲在《遣回勤工俭学生之真相》一文中指出的那样："蔡于在法各种运动，除做作文以及资望为各名誉的职员外，实际事务，盖纯由李石曾氏为之尽力，蔡何曾过问？"蔡元培在多次讲话和著文中也都是肯定李石曾为留法勤工俭学运动的倡导者和组织者的，就是吴稚晖也称"法国勤工俭学系石曾先生发起的"。华法教育会临时干事会的报告中亦称李石曾在留法勤工俭学运动中"进行甚力"，华法教育会法方会长欧乐说："那勤工俭学生事，完全是李石曾先生管的，与我无关。"熟悉留法勤工俭学运动的李璜是这样评说几位与此运动有关的先生们的，他说："谈到留法勤工俭学，则必联想到李石曾、汪精卫、蔡元培、吴稚晖四人，其实汪精卫仅署名提出，蔡元培未参加工作，始终其事者只有吴稚晖、李石曾两先生。"这样评价应该说是客观的。我们说只有李石曾才是整个留法勤工俭学运动的实际组织者，发挥了杰出的领导作用，这是历史的事实。

李石曾之所以在整个留法勤工俭学运动中都能以坚强的毅力克服种种困难，推动勤工俭学事业健康发展，是因为他把此事业视为生命，休戚与共。他曾说："我是不从事政治生涯的，政治上无论如何腐败，我可忍下。若有人破坏我留学事业，反对我教育运动，充其量我可以牺牲一己之性命以办事。"留法勤工俭学事业在李石曾的一生中占有重要地位，"几占他全部中之三分之一或占一半，也不为之夸张"。

李石曾是拯救留法勤工俭学运动困境的第一人

第一次世界大战结束后不久，整个欧洲陷于经济萧条的局面，法国也不例外，甚至较其他国家更为严重。经济萧条，使工厂开工不足，这样一来不仅使新抵达法国的勤工俭学生觅工无门，而且就是先前已进厂的勤工俭学生也不断遭到工厂主的解雇，遂使 1/3 以上的留法勤工俭学生的生活来源趋于断绝，给留法勤工俭学运动带来了困难。

诚然，造成留法勤工俭学运动困难的原因是多方面的，但与李石曾的失误也有一定的关系。首先是他对大批中国青年学生赴法及法国社会是否能容纳这部分劳动力缺少调查与研究。运动初期，法国社会缺乏劳动力，他利用此时机使上千名勤工俭学生赴法，一时弥补了法国劳动力的不足，随后一批一批的中国青年学生抵法。但随着欧战的结束和法国士兵的复员回到工厂，随着法国经济的萧条，致使留法勤工俭学生觅工遇到困难。面对这种情况，他本可以做出减少或暂停送留法勤工俭学生的决定，但是李石曾已被留法勤工俭学运动蓬勃开展的情况冲昏了头脑，他不仅没有做出相应的决定，相反地继续鼓吹青年学生赴法。1920年2月末，在广州举行的一次茶话会上李石曾竟说："到法国留学的一日多于一日。……民国元年去了一百余人，最近一年内又去了八百余人，以后去的仍是源源不绝。吴稚晖先生常说要有两万人到法国留学方好。乍听此数似乎很大，实在也是可以做得到的。"结果在李石曾等人的鼓动下又有八百余人赴法。显而易见，这样做的结果，已大大超过了法国社会的客观承受程度，给留法勤工俭学运动带来了困难和挫折。

其次，乃是缺少严密的组织性和计划性。正如他的前任书记继伦女士所说："李先生是个好人，可惜做事有头无尾。"诚然，留法勤工俭学运动初期，有计划地在各地设立补习学校，培养赴法勤工俭学生，为留法勤工俭学运动的健康发展做了必要的准备，这是非常难能可贵的。但运动高潮到来，要求赴法的青年学生倍增，在赴法人群中除中学生外，还有商人、店员，甚至还有年龄尚小、身单力薄的小学生，使赴法勤工俭学生的成分大为复杂化。李石曾面对运动高潮到来没有得力措施，尽管后来三令五申要国内华法教育会对赴法勤工俭学生"慎重选取"，为此他还规定了五个条件：（一）身体强壮；（二）意志坚定；（三）初通法语；（四）粗通技艺；（五）能预备数月旅费。然而这时已为时晚矣，而且未能认真执行。

最后，是用人不妥。1920 年春，李石曾回国后，在法国管理留法勤工俭学生的工作，由"华法教育会"工作的人承担，这些人多为李的同乡或亲友，他们办事无能力，甚至利用职务之便贪污国内捐款或学生存款，致使勤工俭学生与他们公开对立。正当此时蔡元培抵达法国，他偏听信华法教育会职员之言，主观决定：宣布与勤工俭学生"脱离经济关系"，从而使留法勤工俭学生与华法教育会关系破裂，使留法勤工俭学运动更陷于困境。

可喜的是，李石曾面临困境没有回避，也没有推卸责任，而是不顾病体，勇敢地站出来去拯救，为此他付出了最大的努力。第一，他积极与中法两国政界有关人士协商，利用法国退回庚子赔款的一部分，在法国建立一所大学，以解决滞留在法国的勤工俭学生的入学问题。"在里昂设立中法大学，即李石曾先生欲借此解决勤工俭学问题，谁知道吴稚晖接手办理，乃大变其方针，竭其智能以排斥勤工俭学生"，并伙同驻法公使陈箓勾结法国警方将进入中法里昂大学的 100 余名勤工俭学生驱逐回国。尽管李石曾帮助剩下来的找到部分工作，又介绍一部分到比利时和瑞士进入农、工、商实业学校，但此时他已无力解决全部勤工俭学生的入厂和入校问题了。第二，他将身无分文、食宿困难的勤工俭学生安置在"华侨协社"和"豆腐公司"等处，每天发给每人五法郎救济费。第三，他迅速回国奔走于上海、北京、广州、重庆各地游说各省军政要员和大商人、大富豪出资援助在法的勤工俭学生渡过难关。他将一笔一笔的救济金汇往法国，以解燃眉之急。第四，为了解决被法国驱逐回国学生继续学习的问题，李石曾又多方募捐，在上海和北京创办学校，"在李先生之意总期于此能得到根本解决"。然而，他的努力已是杯水车薪，无法解决整个运动的困境。尽管如此，从他当时的所作所为来看，不愧是唯一尽其全力拯救留法勤工俭学运动的人。

尽管李石曾在倡导和组织留法勤工俭学运动中存在着不足，甚至错误，但"石曾先生处在那个年头与环境，已算是最有组织与计划的了。如在各地设预备学校预习法文，以及纳费若干，入什么程度的学校，以及接送、照料生活等等繁琐事务工作，可以说是已尽到一个提倡者的责任，并有超人的耐心与爱心"。所以李石曾被人誉为开"中国青年学生大规模出洋之先河"者。

（中国社会科学院近代史研究所：《近代史研究》（双月刊）1992年第 4 期）

高阳布里村留法工艺学校

齐连登　段子均

一、建校经过

1917 年夏，李石曾（当时任北京大学生物系教授）由北京到高阳县布里村，找段子均（当时任北京大学庶务科长）筹划在高阳县设立留法预备学校。

李石曾到布里村时，正赶上潴龙河发大水，河水猛涨，全村都在忙于防汛抢险。当晚，不少劳累一天的青年农民，手端油灯，向一个村中叫"大会"的公共场所汇集，他跟去一看，原来这些青年是到"半夜学堂"去听课的。"半夜学堂"是段宗林（号子均）的叔伯兄段宗杨利用村中的公产办起来的。农民白天劳动，晚上自带油灯到学堂来学文化。李石曾看到布里村青年学习文化的热情很高，又有一批热心于民众教育事业的有识之士，加上布里村的水陆交通都比较方便，陆路有驿道通保定、河间；水路可由潴龙河经马蜂淀、白洋淀通保定、天津，于是便与段子均等人商量，决定第一所预备学校就设在布里村，并以文化程度不高的农村青年为主要招生对象。

经过具体筹划，借用村东北角段宗桂家闲置的一套三合院做校舍，又借段哲人家的几间房做外地学生的宿舍。段宗林、段宗桐（号琴舫）、段万庆任校董，校长由段宗桐兼任。法文教员请回国探亲的豆腐公司工人齐连登（庞家佐村人）和张秀波（张连城人）担任，几何制图由布里村的段其光担任，干事由齐连登兼任。

建校的准备工作安排就绪后，李石曾向当时的教育部报了呈文。

二、第一期办校（班）情况

建校获准后，学校立即开始安排招生工作。第一期计划招收50名，先在布里村和不远的莘桥镇、安澜桥码头等处张贴招生布告。布里村和邻近村庄的青年，闻讯到校报名的很多，参加考试的约有二三百人。考试科目除国文、算术外，还要考体力。当时，学校设备简陋，李石曾等人想了个土办法，在段子均家的打麦场上立了两根木杆，相距约30米，再找两个土筐，每筐装四五十斤黄土。文化课考试合格的考生，再担土筐绕两根木杆走一圈，走满一圈的为合格。考体力时，考生在场内，四周是围观的群众，李石曾、段子均和校董们在场监考。考生中有一个布里村的青年，叫段润波，个子矮小，李石曾见了说他个儿小，段润波答："小有劲。"果然，他不费劲地担着土筐走了一圈。录取的名单两三天后即张榜公布。实际录取的人数约有六七十名，超过了原定名额。本村的有段润波、段澄波、段文健、段其然、段宗义等人，外村的有陈博生（石氏村）、程宝琛（旧城村）、史赓康（贾家坞）、李慈铭（王福村）、张汉文等人。外省学生只有一个，是从北京来的山东人姜信，他舅父当时任高阳县长，故此来校。

开学前，做了一块长条形的木牌，请人写上"留法勤工俭学会初级预备学校"，挂在校门北侧。因为学生人数多、教室小，把他们分成两个班，上下午分别上课，主要是学法文，内容有法语进阶和法文文规、会话等，由学校印成讲义发给学生做课本。开始由张秀波、齐连登两人执教，后来张秀波因病休息，改由齐连登一人授课。

1918年春，第一期学生没学满一年就毕业了，毕业前，李石曾到校与师生一起合影留念。毕业生每人发给一张中法文对照的毕业证书。

三、迁建新校舍经过

布里村留法勤工俭学会初级预备学校的校舍，长期借用民房，既不方便，也不够用，铁工厂就因没有合适的地方，迟迟没能设立，学生也无法进行工艺实习，达不到学习工艺技术的目的。随着留法勤工俭学事业的发展，要求入校做赴法预备的青年学生日益增多，旧校舍更不够使用。留法勤工俭学会与校方商定，尽快筹建新校舍。建新校舍首先遇到的是经费问题。勤工俭学会是民间团体，没有经济来源，无法负担这么大笔的款项。经过蔡元培、李石曾、彭济群、段子均、乐均等热心于这一事业的各方面人士的共同努力，采取了卖彩票、演义务戏等办法，才得以解决。

卖彩票、演义务戏的收入，初步解决了建新校舍的经费问题。为了节省开支，学校在段子均家祖坟后的12亩空地上，打井建窑，脱坯烧砖，供建校使用。段宗扬为了建新校，拆了自己家的一座旧楼，把拆下的材料都给了学校作建校之用。高阳县由此传下这样一句顺口溜："布里有个段宗扬，拆了南阁盖学堂。"

新校址选在布里村西南角的"马楼"。"马楼"的主人马老甫早已亡故，家中还有一个寡妇，段子均与其商量，花了200大洋买下了这片房基地。建校施工由本村马宝来监督进行，4个多月的时间，新校舍就建成了，马宝来也因劳累过度而病故。

新校址占地10亩左右，房舍41间，全是砖木结构，比当年普通民房稍好。南边一排平房12间，坐南朝北；东侧3间是铁工厂，第四间为大门，大门上端有当年高、蠡两县名书法家、布里村的张卓甫用隶书写的新校名"留法工艺学校"。大门西侧3间是校长室，校长室外间南墙挂着蔡元培给学校的亲笔题词"业精于勤"。校长室西侧有平房1间，再往西3间为教员室，东头为几何教员沈宜甲（安徽人，1919年3月17日赴法勤工俭学，现在比利时的首都布鲁塞尔）和国文教员蔡和森的住房兼办公室，西头是法文教员齐连登和国文教员李宝华的住房兼办公室。校内分东、西两院，正对大门的是东院，院内有东西房两排，每排房5间，为南方班学生宿舍。宿舍南端各有北房2间，是学生食堂。东院正北屋为教室，东西两大间，东间为北方班学生教室，西间为南方班学生教室，中间是穿堂屋，可通往教室北边的小花园。西院比东院约小2/3，有北房4间，东西房各2间，均为北方班学生宿舍。南、北两班学生宿舍内设备简陋，除了用宽大木板搭起的通铺外，别无他物。

新校舍建成前，段子均在北京大千工厂购买了4台台钳、10台立钳、一架台钻和一些铁工用具，由本村段树明从北京运回学校。

保定

四、第二期办校（班）情况

布里村留法工艺学校设在农村，学生在校时的生活费用较低。留法勤工俭学会规定勤工俭学生赴法前每人应交 100 元船票费、100 元服装费，以及在法候工期间的生活费 200 元，共计 400 元。布里预备学校的学生抵法后有高阳华工的照应，比较容易找到工作，因而赴法前如确有困难者，可免交或少交在法候工期间的生活费。这两个条件，对志愿赴法而家境贫寒的青年具有更大的吸引力。在 1918 年布里留法工艺学校第二期学生中，就有不少远地而来的贫苦学生，其中仅湖南一省就有 30 余人。

第二期学生入校只考文化课，不再考体力；有的如湖南等外省学生连文化课也没考就入学了。根据学生语言、生活习惯的不同，以及入校时间的先后，第二期学生明确分成南、北班，教室和宿舍也按南、北班划分。因校舍充裕，外地学生均在校寄宿。

第二期学生共有 100 多人，其姓名，据调查、回忆如下：（不全）

北方班：班长陈书乐，武清县人。

高阳县：布里村有段玉福、段其熙、段印堂；莘桥镇有田世古、熊秋甫、石正礼、郭凤鸣；高阳县城内有何秉文、李来宣、管殿勋、韩德林；八果庄有王兰馨；赵堡店有周世昌；南辛庄有孙松亭；南蔡口村有赵近仁、王树人；北柳庄有刘文长；北圈头村有张裕襄；小冯村有齐克庄；小团丁村有张树光；邱家佐村有李瑞成、李世铭、张玉琪、张德禄、成星奎、韩克宽、张治安、李荫波。

蠡县：五福村有孙连峰、孙岳峰；齐家庄有魏国标；凌阳村有王玉坤、王玉美、张信义。

清苑县：贺家庄有贺秉合。

饶阳县：有严瑞升、焦玉峰、孟鹤泉、孟龙甲、张钧、王进昌、洪金元。

山东省：有唐缙、周文忠。

河南省：有卫曾序。

南方班：大部分是湖南学生，由蔡和森负责。其中有颜昌颐、唐灵运、熊信吾、王人达、王文美、娄绍遵、娄绍丞、黄进一、侯昌国、孙发力、肖拔、何光祚、王兰馥、刘浔、王惟生、傅昌钜、包光溢等。

第二期学生的课程仍以法文为主，辅以国文和几何，并增加了工艺实习。课程安排：上午学法文，下午学其他课程和进行工艺实习。法文教材先学《法语进阶》，后学《百尔力兹》。《法语进阶》是法汉对照的小册子，适合初学法语的人使用。《百尔力兹》简称《会话》，是法国百尔力兹学校专为外国人学法语而编写的书籍，易学、好记、进度快。法文教员仍由齐连登担任，几何教员是沈宜甲，国文教员开始只有李宝华（蠡县齐村人，清末文举）一人担任，蔡和森带领湖南学生到校后，兼任南方班国文教员。国文课本用的是当时高小国文第五册，每星期六作文一次。铁工教员由原巴黎中国豆腐公司工人、布里村的段应华担任。铁工厂内除了由北京买回的台钳等工具，还有烘炉一座。工艺学习内容主要是钳工和锻工，学生在教员指导下制图和制造一些简单的半成品，交到高阳县城的加工厂，收回不多的工本费，供实习和学生补贴之用。为了帮助学生了解勤工俭学生和华工在法国的情况，学校还每月从法国邮购《华工杂志》多份，供学生课外阅读。学校没有体育课，湖南学生入校后，在蔡和森同志的带领下，经常在课余时间踢足球或练武术。

1919年春，蔡和森离校去北京。不久，沈宜甲自筹路费，随留法勤工俭学会组织的第一批勤工俭学生一起赴法，几何课改由原巴黎豆腐公司工人段宪文讲授。四五月间，法文教员齐连登也准备离校赴法，北方班不少学生得知后，纷纷自筹路费随齐连登一起赴法。北方班班长陈书乐因家中继母阻挠，无从筹措路费想去而去不成。齐连登感到陈书乐为人正派、学习刻苦、成绩优良，很有培养前途，便资助他部分路费，并动员一起赴法的同学也解囊相助，在大家的帮助下，陈书乐也凑够了路费，一起赴法。南方班的学生因路费均无着落，法文尚不熟练，经蔡和森联系，集体转到保定育德中学附设留法高等工艺预备班继续学习。

五、第三期办校（班）情况

1919年暑假后，又招收第三期学生。第三期教职员中除了法文教员由巴黎豆腐公司工人曹福同（高阳县西田果庄人）接任外，余均无变动。学生仍分南、北两班。北方班学生依然是高阳、蠡县等邻近县城的居多；南方班学生来自江苏、湖南、湖北、山西、四川等省，其中江苏籍的人数最多，有沈清尘（沛霖）、诸葛华、谢会、柏劲直、杨品荪、戚士俊、唐淑华、唐国华、熊天锡、张汉吾、张汉良、朱增璞等20余人。湖北省有陈声煜、马道翰、邓继禹、徐邦杰、吴清东、廖仁先等10多人。

1920年夏，第三期学生毕业后，因法国经济凋蔽，留法勤工俭学的形势急转直下，布里村留法工艺学校停止招生，培养留法勤工俭学生的任务也由此宣告结束。

（郑明桢：《留法勤工俭学运动》，山西高校联合出版社1994年版）

回忆保定育德中学及附设
留法预备班

王荫圃

　　我已年近九旬，70 年前，曾在育德中学求过学，以后又在母校教过课。现在把我所能记起的、有关育德中学和留法预备班的点滴情况谈出来，供参考。

　　保定育德中学，是解放前华北地区较有影响的一所私立中学。它是老同盟会会员陈幼云于 1907 年创办的。1908 年春，招收第一班学生，陈幼云被公推为第一任校长。一年后，陈幼云病故，由郝濯（号仲青，河北霸县人）接任。民国后，郝受袁世凯排斥，辞职离校，辗转至广州、上海，追随孙中山先生从事革命活动。郝离校后，校长职务先由张官云（号纪五，河北束鹿县人），旋由王喜曾（号国光，河北高阳县人）接任。我于民国六年（1917）秋入校，是育德中学第十一班（英文班）学生。吴玉章看到育德中学办得好，把儿子、侄子、侄孙都送到育德中学念书。吴玉章的儿子吴震寰就和我同班。我入学时校长是王国光。1918 年前后，郝仲青曾一度回校任教，曾教过我们班，大概不到一年时间，又离校去广州。

　　我入校的那一年，育德中学开始设立留法预备班。王国光与留法勤工俭学的发起人李石曾都是高阳县人，王对留法勤工俭学事业也十分赞同。留法预备班开办前，李石曾、蔡元培等人曾由北京专程到保定，与王国光磋商在育德中学开办留法勤工俭学会附设高等工艺留法预备班的事宜。留法班筹办之际，育德中学第一班毕业生刘振华（号仙洲，河北完县人），恰好以优异成绩毕业于香港大学。香港大学极力想保送他去英国牛津大学深造，天津高等工业学校也以每月150元的高薪相聘；王国光则邀请刘回育德中学担任留法班的班主任。刘仙洲接受了王国光的邀请，到育德中学担任了每月50元薪酬的留法预备班的班主任兼机械、制图教员。1921年留法预备班停办后，蔡元培推荐他到天津任北洋大学校长，由于他不愿加入国民党，国民党唆使反动学生把他赶走了。随后，张学良请他去东北大学教机械。从东北大学流亡到关内后，又受聘于北京清华大学。刘仙洲除了教留法班外，同时也担任中学班的课程，如我们班的物理课，就是他教的。我还记得，他曾在课堂上对我们讲：以后科学发展了，烟囱里冒的烟，太阳散发的热，都可以利用起来为人类造福。当时我们知识浅薄，还以为是教师和大家讲笑话呢！

育德中学的铁工厂也是刘仙洲办起来的。工厂除了供留法预备班的学生实习外，中学班的劳作、手工课也在工厂上。我们班曾做过网球拍，保定西关体育用品商店派了一位师傅来教我们。当时保定有所高等师范学校，师范学校有位美国教员叫法斯特，他是学工的，他听说育德中学办了铁工厂，便赠给育德中学几台机器，所以育德中学的铁工厂也曾叫法斯特铁工厂。

1918年育德中学校庆纪念，法国驻华公使赫尔利专程由北京来保定育德中学参观，晚上住在法国教堂，第二天赫尔利去拜访曹锟，由留法班法文教员李广安当的翻译。法国公使的参观，引起曹锟的注意，赫尔利回北京后，曹锟也到育德中学转了一遭。

育德中学住宿生的宿舍在校内，留法班学生住在校外不远的张公祠。留法第二班的学员李维汉、李富春，第三班的刘卫煌（即刘少奇）等很多湖南学生均住在该处。

五四运动在北京爆发，育德中学学生和留法班的学生听到消息后，均立即响应，积极投入了这一场伟大的反帝爱国斗争。我和吴震寰曾代表保定学界去北京、天津进行联络。到北京时，张国焘代表北京学界接待了我们；到天津时，接待我们的是周恩来同志。育德中学校长王国光和刘仙洲等思想进步的教员，对我们的爱国行动都深表赞同。有一次，我们准备上街游行示威，王国光得悉曹锟要在街上抓人，对学生下毒手，便召开全体学生大会，劝说大家暂时不要上街，免遭毒害。吴震寰当时是保定学生联合会会长，是保定反帝爱国斗争的核心人物，反动当局密谋到育德中学来抓他。王国光得到消息后，以违反校规为由，提前把吴震寰给开除了，实际上是通知吴赶紧离开保定。1921 年后，安子文在育德中学求学期间，因积极从事革命活动，反动当局要抓他，校方也以同样的方法，布告开除，通知安离开了保定。

五四运动以后，育德中学学生会提出办一个工人夜校（班），王国光表示支持。夜校就设在留法班的宿舍张公祠，大家选我当了夜校的校长。1919 年下半年开办，学生主要是铁路工人和人力车夫，免费入学。教员均从育德中学高年级学生中聘请，义务授课。课程有政治和文化知识，教员还结合时事，进行反帝爱国的思想教育。1921 年秋，我毕业后，工人夜校（班）改成平民子弟夜校（班）。

1921 年，在我毕业前，郝仲青由广州回到保定，再次出任育德中学校长。郝任校长后，原校长王国光到育德中学实习工厂当厂长，工厂也由校内迁往校门外对面的西河坡，并改名为"育德中学铁工厂"。不久，正定中学闹学潮，当局派王国光到该校任校长。以后，由李石曾推荐，王去易县高级职业农业学校任校长。

1921 年 8 月，我于育德中学毕业，同时考取了北京师范大学和燕京大学，师大是公费，我想入师大。郝仲青却力主我入燕京大学，因燕大英文水平较高，郝仲青计划我由燕大毕业后，再回育德中学教英语。当时育德中学有个规定，贫苦学生升学，可以向学校贷款，以后工作了再还。于是我向学校贷款入了燕京大学。1926 年我由燕京大学毕业，回育德中学教英文兼任学校的训育员。随后我也因为不愿加入国民党，于 1927 年离校他去。

抗日战争爆发后，育德中学由保定迁往河南，图书、仪器等均运往河南的西峡口。我也于 1937 年底，辗转至延安入抗大学习。1938 年我被分配到西安八路军办事处工作。西安有很多育德中学毕业生在那儿工作，如铁路管理局局长毕全中和我同班；西安汽车修理厂厂长夏述虞，是育德中学第十班学生，毕业后又入了育德留法预备班第一班，后去法国勤工俭学，回国后曾任杨虎城部的交通处长。他们两人均倾向延安，经常给我们提供方便和帮助。有一次我们在河南洛阳买到一批布匹，计划经西安运往延安，可是铁路沿途查得很紧，后经毕全中相助，才设法

保定

运出。夏述虞也常帮助我们修理加工一些机械零件。当时西安八路军办事处主任是伍云甫。郝仲青1939年前后去重庆路过西安，伍云甫设宴招待他。在座作陪的除了我、毕全中、夏述虞之外，还有不少育德学生。郝仲青由重庆返回西安时，林伯渠同志又设宴招待他（林与郝曾在广州共事），我也出席作陪。席间，林伯渠建议郝仲青把育德中学迁往延安。郝答：图书、仪器运输不便，但以后可以往延安多输送些育德中学的毕业生。

1949年初，北平和平解放。我入北平不久，接到刘仙洲的邀请。因入城前有严格规定，不准任何人接受私人宴请，我即向当时北京军管会主任叶剑英请示，叶剑英批准我前往，并要我注意做好宣传工作。见面后，我发现刘仙洲老师因受了国民党反动宣传的影响，情绪低沉，悲观地叹息："从此没用了。"我向他解释、宣传了党的有关政策，充分肯定了他几十年来为国家培养了大批人才的突出成绩，并向他介绍刘少奇同志也是当年育德中学留法班第三班学生。他说不记得留法班有叫刘少奇的学生。我告诉他当时刘少奇同志叫刘卫煌。刘仙洲听后立即想起并说：刘卫煌在校时间不长，但他的思想敏捷，印象很深。从此，刘仙洲的情绪才稳定下来，并积极投身于党的教育工作。

（河北省政协文史资料委员会：《河北文史集粹》（教育卷），河北人民出版社1991年版）

回忆巴黎中国豆腐公司
工人夜校和华工学校

陈珍如　口述

　　巴黎中国豆腐公司，是中国人在法国开设的第一家专门生产各种豆制品的工厂，因它的产品由自己经销，所以也叫豆腐公司。该公司是由河北省高阳县的李石曾与人合股开设的。李石曾的老家在高阳县庞口村，后来，全家迁到高阳城内居住。他是清末名儒李鸿藻的小儿子。大概是1902年，李鸿藻的门生孙宝琦任驻法公使，李石曾为了去法国求学，便以公使馆随员的身份，跟孙宝琦一起去法国。先在农业专科学校学农，后入巴黎巴斯德学院进修生物，专心从事研究大豆，著有法文《大豆的研究》一书。

　　李石曾对大豆研究颇有成果，决定以豆制品代替肉、奶制品，乃在法国发起创办巴黎中国豆腐公司。1907年前后，李石曾由法国回国，一方面招股集资，另一方面聘请其好友高阳县庞家佐村的齐竺山（号宗户）担任豆腐公司经理，并与好友高阳县布里村的段宗林（号子均）商妥，一起办了个豆腐公司工人训练班，利用段宗林家原有的香油作坊，改为训练班，是工人学习磨制豆腐的场所。工人先从布里村和邻村招募，条件是：每期合同四年，赴法前由公司发给部分安家费，置装费和路费也由公司供给。工人招来后，先在训练班学习做豆腐，等巴黎豆腐工厂建成后再去法国。

　　当时农村老百姓都有"故土难离""破家难舍"的心理，开始只有少数人被公司优厚的待遇所吸引去应招。以后，应招的人渐渐多起来，甚至蠡县、肃宁、任丘、清苑等外县，也有人到高阳布里来报名。从1908年至1912年，共有四批人应招赴法。

我记得的各批人数及姓名如下：

第一批共5人，1908年赴法。其中有：高阳县布里村的段宪章、段寿田；庞家佐村的齐章如；曲阳县的高林汉。

第二批约10人，1909年赴法。其中有高阳县布里村的段应华、段宪文、段秉鲁；莘桥村的田世宗；东赵堡的赵瀛洲。

第三批10余人，1910年赴法。其中有高阳县庞家佐村的齐致（云卿）、齐树臣、齐六德、齐庄纯、齐福庄、齐连登；辛冯庄的李广安（光汉）；张连城的张秀波；博士庄的赵宏瑞；安家庄的安壮（佩章）。

第四批43人，1912年赴法。其中有高阳县布里村的王章、段国仁、马执中、段树勋、段肥洽、段立、段雨田、段宝田、段五信、张庆友、段其焕、段朝义；庞家佐村的齐年、马志远、陈珍如、车骏声、车林敬、魏连科、刘长春、齐福祥、齐全纯、陈树成、齐行方、齐如山；西田果庄的曹福同、曹春生、王文元、王五儿、胡玉树；河西村的邹跃生；边渡口的何乃信；安家庄的安树方；莘桥村的王志仁；西柳村的胡伟洲；赵布辛庄的蒋树芳；蠡县齐庄村的魏连（世长）；肃宁县石连城的石聚合；任丘县边关村的高聚；清苑县何家桥的杨梦游；王坦村的刘瑞样；三河县的史宝风、白梦林；通县的吕世杰。

前三批工人均在布里村的豆腐作坊经过训练后再去法国。第四批人数较多，情况也有所不同。当时，齐竺山办了一个"劝工公司"，组织华工去法国做工。我们这一批都是通过"劝工公司"，随同齐竺山一起赴法的。

到法国后，40余人分别进了豆腐公司、弗斯沟司人造丝厂和瓦尔斯人造丝厂。我和马志远等人，先到法国北部叶铺省的哈佛弗斯沟司人造丝厂做工，以后才转到豆腐公司。

豆腐公司的厂址，在巴黎西北不远一个名叫戈隆勃的小村中，从巴黎乘火车，十几分钟即可到达。工厂的厂址很大，工人都住在厂外的宿舍里。起初，工人只有二三十人，以后最多发展到一百五六十人，其中男工60多人，大都是中国人，而且绝大部分是高阳人。法国当时流传着高阳是"华工之乡"的称号，其由来即在于此。女工70多人，都是法国人。当时法国女工的工资只有男工的一半，厂主为了多赚钱，都愿意雇用女工。工厂除了生产豆腐、豆干等中国传统豆制品外，还生产豆粉、豆咖啡、豆可可以及用豆面制作的各种点心、饼干。有一种豆腐干，硬得甚至可用来刻制图章。豆腐公司的产品还曾参加过万国食品展览。

豆腐公司的工人，文化程度都较低，更不懂法语，李石曾与大家商议后，利用工余时间，办了个夜校，每晚学习两课时，学习内容有国文、法语、物理、化学、数学等。李石曾教物理和修身课，李麟玉（留法俭学生）教国文，蔡元培和其他留法俭学生也经常到校给工人讲课。夜校办了一段时间，收到很好的效果，不少工人很快学会了浅易的法语。以后，保定育德中学附设留法勤工俭学预备班的法文教员李光汉（广安），布里村留法工艺学校的法文教员齐连登、张秀波、曹福同，数学教员段宪文等人，都是这个豆腐公司夜校的学生。蔡元培、李石曾、吴玉章等人开始只提倡留法俭学，以后，由于受到豆腐公司工人业余求学的启发，才改为提倡留法勤工俭学的。

第二次世界大战期间，法国在人力、物力上都遭到了极大损失，工厂的工人都被赶到前线去作战，大批工厂因缺乏劳力被迫停工。法国政府为了解决它的劳力不足，与当时的北洋政府协商，从中国招募大批华工去法国，从事各种繁重的劳役。据说当时去法国的华工总共有十几万人。

这十几万华工，无论年龄大小，多数均不识字，更不懂法语。中法教育界人士，针对这种情况，在巴黎创办了一所华工学校，集中时间，突击培养一批华工翻译，待大批华工到法国后，可带领并帮助他们到各地去做工。这个计划得到法国政府的赞助。除借给校舍，每年还津贴一万法郎经费。华工学校的校址在巴黎拿破仑陵寝附近的比热路8号。总校长是法国人，叫白纳尔，还有一个分校长，叫巴理。第一期招收的学生，几乎全是1912年和我一起赴法的巴黎豆腐公司和瓦尔斯人造丝厂的华工。招收我们这批人的原因可能是：（1）在法国已劳动三年，掌握了一定的技能；（2）对法国的情况，如风土人情、地理交通等已比较熟悉；（3）都曾在夜校学习过一段时间，已粗通法语。豆腐公司夜校的情况前文已介绍，瓦尔斯人造丝厂也有夜校，是杨梦游、马志远等

保定

人组织的，具体情况不清楚。

华工学校的课程有：法文、国文、算术、普通理化、图画、工艺、卫生、修身与工会组织等。教员有中国人，也有法国人。教国文的是徐廷湖（海帆，蠡县人）和李圣章，蔡元培和李石曾教修身等课程。夏雷给我们当翻译，齐致管总务，齐久德给大家做饭。法国教员有三个女的、两个男的。男教员一个叫里欧达（比利时人）教几何，另一个即校长白纳尔教法语单词；女教员的名字我全忘了，她们全教法文。课程虽然很多，但重点是学法文。学期原定一年，后因大批华工抵法，我们未学到一年，就投入了接待华工的工作。

（郑名桢：《留法勤工俭学运动》，山西高校联合出版社 1994 年版）

附录十

《上谷日记》（节选）

贺 果（贺培真）

1980 年在留法勤工俭学运动文物资料征集时，贺果先生提供了他在保定育德中学留法高等工艺预备班学习时写的日记。因保定古称上谷郡，故封面上写有"上谷日记"字样。

《上谷日记》史料弥珍，被国家定为近现代一级文物。

1918 年 9 月 4 日（七月二十九日）

余于四日前由京搭车来此，入育德中学之留法高等工艺预备班，其宗旨本勤工俭学会之初意，假勤工以留学法国，使贫寒学生不致有向隅之叹。余本一师范生也，然余之初志不愿以师范生终此一生。今此既有预备班，且以高等工艺之名以冠其上，余之工业生活或可于此发轫，以至于高造，亦未可逆料也。余须以毅力为之可也。

9 月 5 日（八月一日）

袁君伯谐于下午四时，以一小时短时间之决定，复退回北京。盖彼有家庭关系，幼失怙，无兄弟姊妹，有父在新疆，伊家视彼甚重，常不欲其远行。此次决定半因其友之劝告，半因以此劝告而提起其家庭关系之不可遂离之感想也。下午六时，与曾君送伊至车站，乃上车握手作别。天涯孤客，复别故人，其感慨为何如？然别离之苦，余等此时不可不按住。盖因此必有无穷之感想接续而至也。

9 月 6 日（八月二日）

本日上午，上机械制图二时，法文二时。现时本班科目，每周应用

保定

力学、发动机及机械图各四小时；法文十二小时；金木工实习十八小时，现以工厂未完备渐（暂）缺，俟发动机装就方可实习。（后略）

9月7日（八月三日）

发家信第十号，发寿五兄第四号，此外必须写信者如莫猷、曾凝珍、伍书池及谢培球数处，暇时必不可省此一纸也。余之志在于工业，果能留法作工，余必入飞机工厂学习飞机之制造。假当时有入大学之机会，则入工科大学。若不能，以所得工资约同志归国，复众（征）求各先生提倡集股开工厂，以制造民用飞机及摩托车及一切需用之机器等项。此余之事业计划也。

9月8日（八月四日，日曜）

本日天气阴晴，不甚燥热。上午八时，参入中校足球队角逐一时许。因久不弹此调，以致髀肉再生，一切动作最不如意，且事后筋肉疼痛，而田径各项运动更不待言矣，此余后亦不愿于此中占位置，前途要紧，不可抛弃时日也。

下午，约同人往益友浴堂洗浴……

下午三时，看应用力学讲义。以英文不甚熟谙，甚觉难读。

9月9日（八月五日，月曜）

上午应用力学二时，法文二时，下午看力学讲义。以生字太多，不过二、三页至费数时之久，亦云苦矣。（后略）

9月10日（八月六日）

上午，张君增益、张君昆弟、李君维汉由京来校。

上午机械制图二时，法文二时。（后略）

9月11日（八月七日）

上午发动机二小时，授汽盖之构造及其运动之方法与汽缸之构造之一部分。汽盖运行之距离为偏心轮之中心至机轴之中心之二倍，故欲制偏心轮必须先计算汽盖运行距离之长短而后可也。余见有以曲杆代偏心轮者，其致用一也。继上法文二时。下午看发动机讲义一时。

余于此一年预习中，第一必熟读法文，去语言之隔阂；次之必熟习发动机及机械制图，以便谙熟各种机械造法。而应用力学虽属于学理之研究，然于实用有莫大之功效，亦不可忽视也。

9月12日（八月八日）

昨接寿五兄一信，质问一切，作答如下：

寿五兄钧鉴：

顷奉教函，一切敬悉。今特一一奉答如下：

甲、本年款项：

一、学校用款，学费每月三元，膳费每月三元，全年七十二元。（备考）前所称入校费二十一元，为对于半年学费与月膳费而言，现学费尚限期未交，余资友人借去未还。

二、关于学业上之用款，书籍费年均十五元。画图器四元。

三、关于自身之处置上：1. 被褥费六元。（说明）据本地同学云：最冷时褥子非厚数寸不可，盖被必要三床。弟现仅盖被一床，余须添置。然可能省时必须省却。2. 衣服费十元。（说明）本地人重棉即可过冬，然南人初至此地，不能以本地人比拟。据伊等所云：较长沙更甚数倍，似此恐非棉衣所能敷衍过去。弟现仅有单夹衣一身而已，余额完全添置。3. 帽及鞋袜费约四元。此项预算如是，但实际上恐不能做到。

此外，冬日所用炭火费以及他项杂用费及临时零用费约需十余元。

以上预算共百二十余元。前所言余资二十余元，对于由湘至京日止而言。除开销在京十余日伙食、一切杂用及来保车费与入校费用外，所余不过十元之谱。以此十元加入，尚欠二十余元。弟之屡向我兄提及此款者，以我兄现尚未出湘，与家兄易于磋商耳。苟款项有着，汇寄期即下期二、三月亦可，又何急于此刻也。

乙、游法川资，侨工局因侨工教育问题，极赞成补助本班费用。

今年预备即（既）可借用，直接留法川资想不至于失望也。闻长沙近日有留法协助会之组织，发起人为陈凤荒、孔昭绶、徐特立、彭国钧、王邦模等。原动力本为在京之华法教育湘分会干事杨昌济、胡子靖等之首倡，以补助留法学生为宗旨。闻现正在联络湘中各大资本家，苟能将经费大加扩充，将来改为留学协助会专补助留学界。此事我兄不知已悉其底蕴否？明年苟侨工局不能借贷，此会必能接济，现时此项问题无须过虑。

丙、若云到法后勤工所获，能否敷四年求学之费，此项问题弟已筹之熟矣。据《说明书》（另寄）所云：每日可得三元或四元。今折衷二者，每日即有五元或六元，亦可月储百元（除消耗者），年可得一千余元。集二、三年，可敷大学卒业之费而有余。在此一年预备中，所得工业知识亦属不少，到法工厂能做得二三年，亦可算得头等工徒，价值也不算下。且学校研究为理论的，工厂中虽不如学校研究之便，然实地工作，于一切机械之构造及一切之制造易于谙熟，而于实物以推及理论亦无不能。西人之以工徒而成大发明家者甚属不少。弟于此项问题，暂时亦无过虑之必要。

9月13日（八月九日）

上午上机械制图二时，画螺线；法文二时。下午写油印二页，接袁伯谐一片。

9月15日（八月十一日）

上午与和笙（即李维汉）、芝圃（即张昆弟）、长极、心鉴诸君游莲池，即所谓保定公园是也。内假山堆鳞，树木翳茂，莲池畔小亭参衬其间。池虽名以莲，然仅零落数枝昭展于其间耳。池北有古藤，苍茎盘桓，雅有趣意。而名人字迹陈列于其下壁间。池东有图书馆，以铜元二枚购券入。藏书多系陈腐思想界所珍之古董书，最新之书无有也。间亦有英文及东文之科学书等。

9月16日（八月十二日）

早五时半起。洗面后，步行于离此半里许邻城之一小阜上，尽吐污气。迎风长啸，胸心一展。上午上应用力学二小时，法文二小时。下午看发动机讲义二页，应用力学讲义三页。以英文生字太多，费却许多力量方才竣事。（后略）

9月17日（八月十三日）

离湘月余，昨始接家信一号，大哥自宝郡本月十日发者。数千里外得奉家报，欣喜莫名。然得悉家况，复起游子思乡之念。父母老矣，依闾之情岂能时忘。清夜怀想，时行梦寐。孺慕之情亦不能顷刻抛却也。大哥对予以恳切之词谆谆悔训。此后必须毅力敌困境，忍力敌艰辛，天下事何不可为！

9月18日（八月十四日）

下午湖南全体同学开会，议决借款进行之手续及组织勤工俭学会湘分会旅保支部。选举干事四人，曾君星煌、杨君楚、王（黄）君建中及李君崇岳当选。此会之组织有莫大利益。一、以联络湘同学感情。盖我辈来此，分子甚杂，原来之学校各异，住同一之寄宿舍，卧室各一，不相往来，以是无从接洽。今既有团体之组织，则感情易于融洽。

二、此会本华法教育会所首创，对于将来之能否往法及川资之筹借，或不能往法而为实习之要求，在必需团体之名义以担负一切，较之以个人为之之难易相去远甚。（后略）

9月19日（八月十五日）

今天为旧历中秋节，学校放假一日。上午八时，发家信第十一号及宋（涛）、魏（镇）二君一片。

法文须时时熟读，不可间断。生字虽难记着，然时时接触自能不忘。联想记法，应用于部分之少数字则可；若集累盈千，非时时接触及时时设法应用不可。

去年秋节余在长沙。忆是夜月明清朗，约友作泛舟之游，绕水陆洲一周，至更深始返。今张君芝圃亦当日同舟者也。今则客居燕北，旧友多离，遍地尘埃，求一散步之地而不可得，万里云山，长房乏术，无益之想虽时时不免然以其无益徒劳，亦不得不勉强抑遏之。但余至亲之家庭中共见月明，亦必时怀念旅客也无疑。

9月20日（八月十六日）

予等来此已二十日，下月膳费尚无着落。现各人搜求数枚铜元而不可得，恐难免起绝粮之恐慌也。

9月23日（八月一十九日）

上午上应用力学二小时，授力之多边形及二以上之多力……结果力之求法。续上法文二小时，生字约三十余，短句三十余。下午在讲室看发动机讲义二页及应用力学讲义一页。四时拍网球一小时，参观中学生练习径赛各运动。（后略）

9月24日（八月二十日）

上午机械制图二小时，绘螺旋各种之形式及方形螺簧。续上法文二小时。第一时试验默写生字四十余及短句数。余错字五句一，下午读法文一篇。

9月27日（八月二十三日）

上午上机械制图二小时，法文二小时。下午往商务馆，和笙君买法文一部。星煌君长沙付来洋三十元，代毛润之还余十元。以二元还李长极君，和笙君借二元，余六元。发家兄十二号明片一张、毛泽东君明片一张，寿五兄明片一张、系催保证书，彭道良君明片一张。

9 月 28 日（八月二十四日）

上午上发动机二小时、法文二小时。下午买邮片三十张，读法文一篇。

今日下午余去买明片时，看见一长形大汉，衣黄色褴褛短衣，具一幅尘垢敷满之面皮，赤足短裤，黄发耸竖，奔走于邮局旁近，手拿信一，似欲投邮而苦无邮票者。适一黄衣郎从邮局出，彼即随之千诣索求。以土音不明，但懂一、二句。余以铜币二枚与之，欣然而过。吁！斯人也，尘世间痛苦者之一也，他乡落魄，困苦无告者之一也；贫富悬殊阶级相距太远，所造成之罪恶而直接承受者之一也，万恶之社会不铲除，即人生生计问题不解决，而阶级各走极端，不免有剧烈之爆发也。

9 月 30 日（八月二十六日）

是日中校开运动会，我辈连带停课一日……

思想不可不活泼，不高超，不自由，不用于哲理方面。无益之思想须完全弃卸。思想与行为又不可不一致。得一种思想，确定其有真正之真理，即必现之于实行以完成之。思想之焦点为世界观与人生观，从此点着力必能得良好之结果。（后略）

10 月 1 日（八月二十七日）

今日为孔子生日，校中例假一日，各界机关均休息一日，商铺均悬旗志庆。

孔子为数千年前之大哲学家、大教育家，其言行为后世所谨遵而不敢稍有异议者。吁！何太甚也。然能得孔子之真道者鲜甚，能得其真道而能斟酌取舍以应世用者更鲜甚。彼其如是信仰者，多带有盲从性质。以为孔子为可能之大圣人，后世人无能（论）如何必不能及其万一也。误谬之点何其深且大也。夫人之思想本极活泼自由，故自缚于一隅而专以数千年前之陈腐思想以为正轨，何异于纳自身于牢狱而受一切行动不得自由之痛苦乎？我国数千年来之思想多依孔子为正轨。间有超特者，群必唤为异端。如斯而欲得思想之发展，何可得也。

10 月 3 日（八月二十九日）

（前略）上午上应用力学二小时，法文二小时。下午偕芝圃、星煌预为初级班妥定旅馆。

力学之算法应用三角最多。余在师校时对于三角法特别疏忽，教者亦敷衍特甚，以致现时应用处处觉难。今虽欲补习，苦无时间。然有不得不补之势，不得不抽至短之时间及之也。时间之宝贵今而知之矣。

10月4日（八月三十日）

上午制图二小时，法文二小时。下午看法文一小时。长沙初级班一二日间必到。今午后五时往车站迎迓，未至而返。

10月5日（九月一日）

下午六时肖君子暲（即肖三）自北京来，余与芝（张昆弟）、心、星（即曾星煌）诸君同往车站迎迓。于异乡见故乡人，欣喜之情不可言喻。同归寄宿舍，伊讲述在京组织工业班之手续，娓娓不绝。足一时之久。

10月6日（九月二日）

是日下午，长沙初级班三十余人到此。余等在此同学多到站欢迎。搬运行李。分寓第一栈，泰安栈。陈君赞周，邹君鼎臣（承）护送到此。肖君子升，毛君润之、蔡君和森自北京来。

10月7日（九月三日）

下午湖南全体学生在莲池摄影。本班与初级班及北京数人济济一时。晚与和笙君、芝圃君往第一栈，与毛、蔡、肖诸君谈一时许。归时已十时矣。（后略）

10月10日（九月六日）

发家信十三号。

是日为双十节，学校放假一日。送初级班同学赴布里村。

10月15日（九月十一日）

刘仙舟（洲）先生昨日归家，今昨两日钟点缺。今上午上法文二小时，下午全班摄影。（后略）

10月19日（九月十五日）

本日因微病相扰，致精神甚劣。上午请假，完全耍一天，不作点事。下午送陈君赞周上车赴京。

10月20日（九月十六日）

三日来病魔相扰，虽不甚重，但完全不能作点事。倘欲作甚么，将开始即精神不继，以致甚为烦恼。然各种功课愈集愈多，后补甚难，亦不得不勉强去作。费一天之力，始成图画一张，亦云苦矣。（后略）

10月27日（九月二十三日）

今日画图一张。晚，写家信第十五号，发毛润之一片。预定发寿五兄一片，此可缓数日；袁伯偕一片亦可稍缓数日。于近日精神似已复原，甚为充足，虽终日劳动亦不为苦。惟目力因用过甚，不免有损耳。然须设法保护也。

10月28日（九月二十四日）

今日无事可记，惟画图二张，尚错一张，不完全甚矣。制图之难也，仪器一项不可不要买好者，盖图之美恶系之也。于美观上，于心理上有莫大关系。予以现无此，不感不便。异日虽借贷亦所不惜也。

……予等此次借款已经若干手续，然犹迟迟其意，延而不发。今传闻直至阳历十一月底方有。方兹秋尽冬初寒气渐逼之时，而手无半文，倘一夜北风紧扫短衣薄袄，岂能过日。为自身计，为同学计，危至极矣。嗟夫！政府以同胞血脂一掷百万，予等借仅几微，九牛一毛而已，而延延如是，吾不禁为中国前途悲也。哪得千万貔貅扫尽魔障。

发家信第十五号明片一张。

10月29日（九月二十五日）

昨今两日，保定道各中学开联合运动会，育德独夺得锦标归，欢欣鼓舞，轰动全校，晚特演留声机以完成其热度。

10月30日（九月二十六日）

下午与心鉴访廉将军庙，离保城五、六里许。庙旁村即名庙头村。（后略）

10月31日（九月二十七日）

今天又放假一天，志余喜也。上午偕芝、和、心及黄建中君步行于大清河畔。由车站南过桥，溯河上行四、五里许，过小石桥，坐岸畔约刻时，即循道返舍。（后略）

11月4日（十月初一日）

今日乃余纪念日，入世来屈指已二十三年矣。回忆此过去时日，梦耶幻耶，所为何事，所学何事，更如明日黄花无一点痕迹存留，无一点实事物存在。想此二十余年岁月，何匆匆如是也。下午偕芝、和（李维汉）赴馆聚食，畅怀大嚼，尽兴而归。

11 月 5 日（十月二日）

（前略）今日上午课制图二时，法文二时，下午买仪器一封，价三元七毛。

11 月 6 日（十月三日）

今日温度骤降，华氏表至三十七度，晚上加着棉衣了。前天落雨一日，昨天阴一天，此种现象来保才见两次。此次虽然甚冷，然亦免得扬灰遮空，于卫生上实好得多了。今日太阳虽然出现一二次，于温度无大影响。且北风紧扫，寒气侵骨，此种利害东西实在可怕得很。然抵抗得此东西去，方显男儿豪强气也。

11 月 7 日（十月四日）

晨，温度三十度，已零下二度矣。我湘此种温度罕见。下午图纸一张。晚自校归，与芝、星谈话十余分钟。

11 月 19 日（十月十六日）

（前略）今日方起首实习。共分锻工、锉工、翻砂、机械四部，每部复分四组，二星期后，每星期更换一组，循次轮换。

11 月 20 日（十月十七日）

工厂布置油发动机一台（五马力）、车床二架、虎钳数十个，为锉工部场。此外锻工场一，内风箱、火炉、铁砧共三套。翻砂场一，尚未布置。

11 月 21 日（十月十八日）

欧战现已停，计历四年三月之久。参加战争之国数计有三十三国，占世界独立国十分之七。参加之总人数达世界之五成。因战争损失之船舶八千艘，总计三千万吨，减耗全世界船舶三分之一。至战费概算总额达三千五百亿元，较过去六十年间之克米利亚、普法、俄土、南北美、中日、日俄之六大战争之战费总计不过三百亿元，今次之战费竟多至十倍以上，各交战国消耗其国家之富力三成或四成。至人口之损失尤堪悲痛，总计战死者德、奥方面约三百万人，英、法方面约五百万人，负伤者双方合计已超过三千万人。

中国南北现已停战。退兵令下，方筹和议。不知能否做到也。全国民情甚望南北首领抒诚相见，言归于好，而共同拯救之垂死老国也。

11月23日（十月二十日）

自本星期二起，上午做工三时。若完全工作，晚上有疲乏之像，然做成习惯，于身体甚有益。半日上课，半日做工，于精神、肉体二者之劳乏平均，使不有偏重之弊，亦快事也。中国学校须附设工厂，于正当时间课以工作，暇时使其自由工作，以完全其思想上之制造。此后中国不重工则已，果欲以工业救弱，非从此入手不可。教育家其注意焉。

11月29日（十月二十六日）

（前略）阅《北京大学日刊》蔡元培先生之演说：《黑暗与光明之消长》，摘录之：（后略）

12月15日（十一月十三日）

近日温度平均二十四五度，（华）（午）早晨低至十六度。曾（曾星煌）从京归，带来毛润之、罗荣熙（即罗学瓒）信各一函。

12月16日（十一月十四日）

余之理想计划，若祠中款能借成，将楷弟（即贺绿汀）送入甲种工校机械科，卒业后待机赴法。于机械常识及各科常识俱有根底，庶赴法无临时掘井之忧。但将来能否如我意愿也。

（贺果：《上谷日记》，湖南人民出版社1985年版）

《民国李石曾先生煜瀛年谱》
（节选）

杨恺龄

民国前三十一年——清光绪七年辛巳（西历一八八一年）一岁

先生考文正公讳鸿藻，字石孙，一字兰孙，时年六十二岁，任逊清协办大学士兵部尚书，并充经筵讲官。生母杨氏讳绍吉，原籍山东，或为明代杨大参辉吉之后，随父寄籍通州，纯谨贤良，颇得文正公欢，五月初二日（即西历五月二十九日）诞生先生于北京南城绳匠胡同之高阳李邸，小名曰武官。刑部尚书潘祖荫函贺云："刻得悉石麟之喜，贺之，于门窦桂，操券可期。"

民国前三十年——清光绪八年壬午（西历一八八二年）二岁

正月十三日（西历三月二日），先生病，文正公至焦虑，旋愈。文正公调任吏部尚书，后充武英殿总裁。三月，李鸿章丁母忧，慈禧太后主开缺，以文正公补文华殿大学士，文正公以为不可，言于慈禧，李对国有大功，即使开缺，亦宜悬待返任，不可遽补，乃罢此议。

民国前二十九年——清光绪九年癸未（西历一八八三年）三岁

五月，先生随侍文正公入宫觐见慈禧，跪拜进退，皆能中节。慈禧大悦，抚先生顶曰："此子将来定成大器。"赏赐甚厚，一家引为殊荣。

民国前二十八年——清光绪十年甲申（西历一八八四年）四岁

三月十三日，文正公奉旨严遣，降二级调用，徐桐蝉接吏部尚书。四月十四日，通政使吴大澂奉命会办北洋事宜，内阁学士陈宝琛奉命会办南洋事宜，翰林院侍读学士张佩纶奉命会办福建海疆事宜，均为文正公拔擢而敢言之人，同遭外放，盖当局不特驱以应付时艰，同时亦使之远离京师，此醇亲王奕譞与孙毓汶出掌大权，而排斥主张励行新政之恭亲王奕䜣与文正公也。七月，法国舰队向福州开战，击沉七舰，轰毁船厂，清军败退，法军后攻陷台湾基隆炮台。十二月，法军又陷谅山。十日，朝鲜京城兵变，清驻韩军出而弹压，占领韩宫，朝鲜王留营保护。

民国前二十七年——清光绪十一年乙酉（西历一八八五年）五岁

正月，法军陷镇南关。二月，文正公补授内阁学士兼礼部侍郎衔。清军克复谅山。四月，李鸿章与伊藤博文订立中日天津条约，双方军队自朝鲜撤退。中法两国在天津订立越南条约，双方即日停战。十一月，文正公补授吏部右侍郎。

民国前二十六年——清光绪十二年丙戌（西历一八八六年）六岁

先生启蒙初读，随文正公及生母同室居北京南城绳匠胡同之"高阳李宅"。三姊、四哥、四姊皆稍长，另室居住，先生为全家之最小者，故简呼曰五儿、五弟、五世兄、五少爷、五爷。

民国前二十五年——清光绪十三年丁亥（西历一八八七年）七岁

正月，清光绪亲政。九月，文正公补授礼部尚书并充武英殿总裁，玉牒馆副总裁。往郑州视察河工，奉旨督办工程，风雪严寒，倍极辛苦。

民国前二十四年——清光绪十四年戊子（西历一八八八年）八岁

先生先后从族叔葆宸廪生、张傅霖孝廉（河间人）、华金寿太史（甲午翰林，字竹轩，天津人）等读四书五经。

民国前二十三年——清光绪十五年巳丑（西历一八八九年）九岁

正月初一日，文正公七十寿，光绪诏为赐寿，贺家盈门，二十七日，光绪大婚，赏叙王公大臣。三月六日，文正公为会试正考官。五月，文正公署左都御史。

民国前二十二年——清光绪十六年庚寅（西历一八九〇年）十岁

四月，先生妹病肺殇。九月初三日，先生兄焜瀛完婚。

民国前十九年——清光绪十九年癸巳（西历一八九三年）十三岁

八月七日，文正公兼署刑部尚书，以刑部尚书孙毓汶为顺天乡试副考官。

民国前十八年——清光绪二十年甲午（西历一八九四年）十四岁

正月，慈禧太后六旬万寿，文正公为总办庆典，加恩文武大臣，文正公得赏戴双眼花翎并交部从优议叙。三月，充会试正考官。先生始就齐襖亭先生读。齐亦高阳人，为保定莲池书院高材生，名令辰，壬辰进士，曾为易州书院院长，先馆于北城文宅，乃改主持李宅家塾，实则半家塾半书院半学校，而书院气氛尤浓厚。六月，日军包围朝鲜王宫，拥大院君主政，并攻掠中国驻韩总理公署，中日战争爆发，七月初一日，中日宣战，日军在山东荣成湾登陆，陷荣成。

民国前十七年——清光绪二十一年乙未（西历一八九五年）十五岁

正月，日军陷威海卫，北洋舰队覆灭。文正公等日夜议事，清廷派李鸿章为头等全权大臣赴日本商定合约。三月，中日停战。文正公与翁文恭公力争割台澎事，连日会议，卒于二十三日在马关签约，承认朝鲜独立，割让台澎，赔款二万万两。文正公与翁涕泗横集，致电驻俄公使许景澄，请俄、德、法三国保护台湾，法使独不愿干预。六月十六日，奉旨命户部尚书翁同龢、礼部尚书李鸿藻在总理各国事务衙门行走，二十日，到总署视事。九月初二日，先生兄焜瀛生子宗侗，文正公始抱孙，稍为色喜，弥月时贺客盈门。

民国前十六年——清光绪二十二年丙申（西历一八九六年）十六岁

五月，文正公头晕，语言颇謇，左体疾软，类似中风，先生昆仲侍疾，请给假署缺，允之，予续假一月，以许应骙署礼部尚书。九月，文正公渐愈，见慈禧太后于仁寿殿，赐药八盒，体恤倍至。召对时见其气体尚未复原，著赏假一个月，安心调理。十月三十日，文正公奉旨调吏部尚书，足弱，几不能起。十二月一日，光绪赏福字，尚能入直，皆在值房看折，体力不见起色。

民国前十五年——清光绪二十三年丁酉（西历一八九七年）十七岁

二月，文正公又发病，语謇流涎，不能入值，请给假派署，乃改派孙家鼐署吏部尚书。四月十一日（西历五月十二日），先生与表叔天津姚公斛泉女姚同宜（原名彤仪）表姊结婚，四方来贺。六月，文正公痢疾泻不止，二十五日丑时不治逝世，得年七十有八。清廷得报，轸悼

保定

赐祭葬，追赠太子太傅，特谥号文正公，入祀贤良祠。即以承重孙宗侗发丧，极尽哀荣。十二月初五日，移灵归柩高阳县邢家村先茔之次，清廷特派郡王衔贝勒载滢带领侍卫十员祭奠，先生尚第一次莅临高阳故里也。

民国前十三年——清光绪二十五年巳亥（西历一八九九年）十九岁

先生回北京，在北京外语学校，由严幼陵介绍从常伯奇读英文。六月二十四日，姚夫人生长公子宗伟。

民国前十二年——清光绪二十六年庚子（西历一九〇〇年）二十岁

五月，拳匪作乱，先生全家离北京，由通州乘船至天津，原拟由天津搭海轮赴上海，因紫竹林正在被焚，船不得进，乃改道至高阳，暂住高阳城内东街故居。当时适遇族侄李长生（字子久），以优贡选得直隶曲阳县教官，于是先生全家随同子久上任之便，迁到曲阳居住。暑夏既过，外国兵逐渐南下，遂又由曲阳到河南开封，留一阅月，复于中秋前由开封抵光州（今河南潢州县），全家稍安。先生一路皆骑马背，自称为最早长途旅行。

民国前十一年——清光绪二十七年辛丑（西历一九〇一年）二十一岁

四月，战事停止，李鸿章在北京贤良寺与八国联军议和，先生又从光州骑马约期月到达天津，至贤良寺谒见李鸿章，与商出洋留学计划，获承赞允。先生全家既知北京城内安静，除焜瀛已赴西安，其余全家遂由水路乘船自光州直达天津，再改乘火车回抵北京，仍住绳匠胡同。时张人杰（字静江，本名增澄，亦号钦光，浙江吴兴人，江苏候补道，长先生四岁）抵达北京，黄秀伯（中慧）为状元黄思永之子，清末随伍廷芳博士出使美国任首席参赞，时在北京助其父创办工艺局与附设之英文学校于琉璃厂旧址，黄思永与张之岳父姚炳然翰林为同年，均为文正公门生，乃并宴张人杰与先生作介绍，两人一见如故，遂订交焉。

民国前十年——清光绪二十八年壬寅（西历一九〇二年）二十二岁

孙宝琦（字慕韩，浙江杭州人，晚号孟晋，为清同治帝师文悫公诒诒经子，担任清出使法兰西、西班牙、德意志大臣，山东巡抚，民国初外交总长，国务总理），任驻法兰西钦差大臣，先生与张人杰、夏循均（字坚仲）三人，以随员名义随行，八月二十九日，乘新铭轮由天津至上海。为先生第一次航海旅行，虽海浪颇大，仍坚强征服，照常眠食。先生以久慕吴敬恒（原名眺，字稚晖，江苏武进人，清光绪十七年辛卯科举人，长先生十六岁）之名，在沪乃专访吴于老垃圾桥附近馄饨铺楼上寓处，遇曹汝霖、夏霜秋在座，相偕至四马路杏花楼餐厅便餐，吴建议先生此去法国，应多协助国内青年留学海外，使留学生愈多愈好，先生颇然其意向，遂欣然订交焉。先生在沪时，复在张园安垲第旁听演说会，得识蔡元培（初字鹤卿，改字民友，后二年又改字孑民，浙江绍兴人，清光绪十六年庚寅科贡士，十八年壬辰科二甲进士，为文正公朝殿门生，长先生十三岁），风度谦愿，欢惬平生。稍留即转搭法邮轮安南号航海，同行有使馆参赞吴宗濂、刘式训（字紫生）、文溥三人，秘书兼翻译严璩（字伯玉）、恩庆二人，使馆学生水钧韶等四人，自费学生林桐实（字敦民）、周菊人、秦汝钦（改名仁存，字亮工）等六人，眷属有孙夫人严夫人等及各家子女，孙夫人之小姑，即后日颜惠庆大使之夫人，率同庖人男女仆役共约三十人，一路颇不寂寞，且一月有奇抵法国马赛，换乘夜火车于十二月十七日到巴黎。先生始借住刘参赞家，彼就其伉俪补习法文也。

民国前九年——清光绪二十九年癸卯（西历一九〇三年）二十三岁
先生住刘家学法文半年，暑假中复在巴黎近郊距香湖温泉不远之教师家，又补习法文两月，遂入蒙达尼城农业实用学校预备科读，住校园楼上。学校在巴黎之南，距巴黎约三小时之火车路程，穿过"皇庭瀑林"向"里昂""马赛"前进途中。张人杰抵法，在使馆并无工作，乃与周菊人筹设运通公司于马德兰广场四号，旋回国募款，谋扩大贸迁。吴敬恒因苏报案遭缉捕，经香港转抵英国伦敦，留苏格兰之爱丁堡勤习英文及会话。

民国前八年——清光绪三十年甲辰（西历一九〇四年）二十四岁
先生仍在蒙城农业实用学校读，改入正科，住校园楼上。张人杰得尊人定甫公予以三十万银元，乃运销茶丝绸缎、地毯、漆竹牙器以及名贵古董字画玉器瓷器等至法国，业亦大振。吴敬恒仍留爱丁堡习读英

保定

文，并至伦敦多种工艺专门学校攻习写真铜版。

民国前七年——清光绪三十一年乙巳（西历一九〇五年）二十五岁

先生仍在蒙城农业实用学校正科读，八月，吴敬恒应张人杰邀至巴黎，寓铜狮子区先生寓所，相谈甚欢，亦会共商先生建议发起组织世界社之志趣，并同游科学博物馆及窑厂，留五日始返伦敦。张人杰亦回国返上海，冬在返欧途中，适晤国父于赴法轮船中，接谈颇洽，立允赞助革命。

民国前六年——清光绪三十二年丙午（西历一九〇六年）二十六岁

先生仍在蒙城农业实用学校读，考试及格获毕业，名列第四。先生自述：此系平生仅有正式上班考试之一次，前后时间均为自由研究农业学术，中国大豆，国际合作，进化新理，社会学说，奠定一生精神生活与世界社主要基础。八月，在巴黎，经张人杰介绍加入中国同盟会，服膺革命。自农校毕业后，即改入巴黎巴斯德学院，随贝特朗教授研究生物化学，特别从事研究大豆。贝特朗对于生物化学贡献甚大，当时巴黎大学之生物化学部亦设在巴斯德学院，即由贝特朗主持。九月，先生至伦敦，访吴敬恒商世界社及出版刊物事，留一星期返巴黎，继续在巴斯德学院研究。十二月，张人杰又至伦敦，约吴敬恒赴法巴黎，与先生等洽谈，于是世界社正式成立于巴黎达庐街二十五号，并着手组织中华印字局于巴黎健康街八十三号，积极筹备发行书刊，楼上为编辑部，楼下为印刷厂房。时先生在巴黎住家食堂中常遇见地理学大家邵可侣频将克鲁泡特金所著《互助论》；陆谟克所著《生物互助并存论》；居友所著《自然道德论》，介绍宣扬，先生闻而乐之。

民国前五年——清光绪三十三年丁未（西历一九〇七年）二十七岁

一月，先生在巴黎与吴敬恒张人杰筹备《新世纪》周刊，由张负责经费，吴负责编排，先生与蔡元培、褚民谊等供给文稿，先生用"真"或"真民"笔名发表言论，反对帝国主义，介绍万国革命风潮，主张社会革命与政治革命，包括排满在内。时先生与吴敬恒倾心无政府主义，周刊中亦多介绍蒲鲁东、巴枯宁、克鲁泡特金、拉马尔克等学说，尤以先生翻译为多，乃根据进化论，而纠正世界强权之学说，一时影响甚大。六月二十二日，《新世纪》第一号创刊，纪元用新世纪七年，并用西历，以示不承认满清，以后每周出版，颇能赞助革命，并与国父同盟会相呼应。同时又刊行《世界大型画报》，由张夫人姚蕙为发行人，与《新世纪》同时出版。印刷精良瑰丽，前所未有也。先生至柏林访蔡元培。张人杰返回上海，设世界社于望平街，负责发行。先生则仍在巴斯德学院从事生物化学研究，特别以科学方法研究大豆之功用，发现大豆不但可制成许多有营养之食品，而且可用制造假象牙，先生在巴黎用法文发表《大豆的研究》专书。先生在研究之余，且为《新世纪》逐期译介拉马尔克与克鲁泡特金论著，惜均未译完成书，得窥全豹。十月，北京清廷外务部准两江总督电以《新世纪》煽惑人心，请予禁止，外务部并电令驻法公使查禁发行。

民国前四年——清光绪三十四年戊申（西历一九〇八年）二十八岁

一月《世界画报》第二期续出版，并增刊近代世界六十名人，各附照像、简介其学术思想或科学发明。三月，张继（字溥泉，河北沧县人，少先生一岁）由星洲乘船至巴黎，先生迎之住世界社。先生因大豆研究成功，特发起创办巴黎豆腐公司，回国招股，由法乘海轮经过地中海到达上海，留法六年方第一次回国。船过香港时，张人杰偕同周柏年由上海至香港迎接，先生登岸与张、周及冯自由、胡汉民在中国报馆会谈。既偕同回至上海，先生倡言肉食之害，主张素食，值黄秀伯退休留沪，介绍先生于伍廷芳（字秩庸，广东新会人，留美法学博士，长先生三十九岁），乃共同发起素食会，揭橥宗旨以"慎食卫生"为词。先生北上至天津，往访直隶总督兼北洋大臣杨士骧（字莲甫，安徽泗州人，亦文正公门生），时先生长姊之子祁景沂正在杨幕，由祁陪同见杨督，杨督对发起豆腐公司热烈赞助。军机大臣张之洞（字香涛，又字孝达，河北南皮人，清同治二年进士，官至大学士，卒谥文襄），举荐先生为新学进士，函谢之。数月后，先生偕齐竺山率同第一批工人五人，由北京乘火车，经西伯利亚、俄、德、比诸国回抵巴黎，在巴黎附近西北郊区哥伦布地方购置机器，设立工厂，名为"UsineCaseo－Sojaine Colombes"，以大豆制造各种食品及用品，聘齐竺山为经理主其事，即日开张营业。蔡元培来游巴黎，与先生等多所往来。十月二十五日，清廷政府通令沿海沿江各省，严禁行销《新世纪》周刊。

（杨恺龄：《民国李石曾先生煜瀛年谱》，台湾商务印书馆1980年版）

保定

从保定到巴黎

保定育德中学留法高等工艺
预备班同学录

留法高等工艺预备班第一班（计31人）

民国七年六月毕业（1918.6）

姓名	籍贯	年岁
王崇誉	直隶清苑	34
马恩元	直隶完县	35
周阴鄠	直隶安国	35
刘云卿	直隶清苑	33
李书田	直隶高阳	35
韩克宽	直隶任丘	36
霍景忠	直隶清苑	36
夏述虞	直隶任丘	36
王重威	直隶磁县	34
张新贤	直隶宁晋	34
冯之祺	直隶束鹿	35
任鸿书	直隶定兴	35
韩成章	直隶广宗	35

（续表）

姓名	籍贯	年岁
王守成	直隶磁县	34
吴春年	直隶博野	34
石景俊	直隶宁晋	36
刘德慕	直隶望都	35
刘宗汉	直隶满城	33
金连升	直隶安国	36
韦福祥	直隶定兴	35
王立心	直隶磁县	35
王德安	直隶磁县	35
康锡爵	直隶宁晋	36
李荫波	直隶任丘	35
赵秉哲	直隶高阳	35
杨呈芳	直隶束鹿	36
马兆蓉	直隶清苑	35
梁全茂	直隶束鹿	36
刘真吉	直隶高阳	36
樊润山	直隶肃宁	33
解季珣	直隶高阳	35

附录十二

保定

留法高等工艺预备班第二班（计86人）

民国八年六月毕业（1919.6）

姓名	籍贯	年岁
侯昌国	湖南湘潭	32
陈绍常	湖南浏阳	34
王守素	湖南长沙	31

（续表）

姓名	籍贯	年岁
郭兴汉	湖南桃源	33
曹 度	湖南郴县	31
黄建中	湖南浏阳	35
何廷珍	湖南华容	32
蔡 平	湖南华容	34
黎光熊	湖南浏阳	32
谭显楫	湖南湘乡	31
李崇岳	湖南长沙	32
李 蕃	湖南资兴	32
杨传渭	湖南长沙	35
杨 楚	湖南长沙	35
李 倬	湖南长沙	35
李富春	湖南长沙	30
谢 矗	湖南宝庆	31
刘梯崖	湖南宝庆	34
柳静秋	湖南长沙	32
罗振黄	湖南浏阳	33
曹度谋	湖南湘乡	32
萧 同	湖南常宁	33
刘本忠	湖南长沙	31
陈 琛	直隶安国	33
张俊杰	直隶安国	34
杨荫宇	直隶束鹿	34
路三泰	直隶临城	32

（续表）

姓名	籍贯	年岁
毛少卿	直隶赤峰	3
王凤鸣	直隶满城	30
向培嘉	湖南黔阳	30
李长极	湖南湘阴	32
刘国司	湖南湘乡	35
曾以鲁	湖南武冈	34
肖振汉	湖南益阳	35
李维汉	湖南长沙	34
贺 果	湖南宝庆	32
张增益	湖南宁乡	22
张昆弟	湖南益阳	35
李 实	湖南长沙	25
彭福柄	湖南长沙	35
李思敬	山东朝城	34
刘慎愕	山东牟平	33
刘春芳	山东禹城	35
罗明俊	湖南长沙	22
邢国衡	山东济宁	28
龚声律	湖南长沙	32
唐宝珍	山东邱县	34
欧阳灵泽	湖南醴陵	34
李绳彝	湖南沅江	34
赵璧霞	湖南长沙	22
张宪武	湖南长沙	32

附录十二

保定

（续表）

姓名	籍贯	年岁
唐潜	山东邱县	24
鲁其昌	湖南常德	34
周文中	山东常山	35
吴让周	湖南华容	35
王藻纯	直隶任邱	35
杨启志	湖南长沙	32
黄进	湖南长沙	28
萧拔	湖南湘乡	28
董显鸿	湖南宁乡	28
孙发力	湖南浏阳	20
胡封岳	湖南宁乡	28
唐灵运	湖南益阳	26
柳季刚	湖南长沙	28
汪廷贤	湖南长沙	28
毛凤章	湖南长沙	29
李坚伯	湖南长沙	28
陈仁耀	湖南浏阳	28
颜昌颐	湖南安乡	29
陈毅生	湖南长沙	28
胡鹿冈	湖南宁乡	28
李纬	湖南安化	30
黄厚旼	湖南长沙	26
傅骥	湖南浏阳	28
郭益书	湖南浏阳	28

（续表）

姓名	籍贯	年岁
娄绍莲	湖南浏阳	28
娄绍丞	湖南浏阳	29
莫　垲	湖南湘潭	29
萧自干	湖南宝庆	28
朱子旼	湖南浏阳	30
朱春诚	湖南湘阴	26
熊信吾	湖南浏阳	26
成　湘	湖南宁乡	30
郑延毅	湖南长沙	28
刘鹏九	湖南长沙	28
任安昺	湖南湘阴	29

留法高等工艺预备班第三班（计63人）
民国九年六月毕业（1920.6）

姓名	籍贯	年岁
蒋魁曜	山东高密	30
杜朴	直隶深泽	30
宋鹤年	直隶深泽	24
王恒心	直隶获鹿	34
刘文彦	奉天辽阳	24
谢振中	四川巴县	32
张　毅	安徽泗县	33
崔宗仲	河南南阳	32
李泽堂	直隶磁县	31
胡士廉	湖南长沙	32

保定

（续表）

姓名	籍贯	年岁
冯俊麒	直隶束鹿	30
弓锢	直隶安平	31
赵麟	直隶深泽	32
钱酒徽	江苏宜兴	32
赵宗振	直隶深泽	31
阎伟	绥远托县	34
李秉芳	绥远萨县	32
敖华耀	广东阳江	33
刘荣荃	直隶完县	29
武肃	直隶藁城	32
鲍冠儒	江苏宜兴	30
戴占魁	江苏淮安	33
徐丽春	江苏江都	35
孙昌越	江苏无锡	31
卢宗藻	直隶涿县	32
张进辅	直隶怀来	30
马心同	直隶平乡	33
杨宗良	湖南宁乡	31
郑家修	湖南长沙	30
周宗锓	湖南长沙	30
史宗鲁	山东新泰	32
张见超	直隶广宗	31
胡兰馨	直隶南和	32
翟薪传	直隶永年	31

（续表）

姓名	籍贯	年岁
郭庆云	直隶邢台	32
陈绍贤	直隶天津	32
张　玺	直隶平乡	32
刘洪典	直隶巨鹿	33
谷国藩	直隶丰润	30
王庆会	江苏江阴	30
董维堃	直隶丰润	32
王朝凤	直隶晋县	30
刘其昌	直隶蠡县	33
钱家鼎	浙江杭县	33
钱启福	浙江杭县	32
王道宣	直隶安新	32
刘宝树	直隶蠡县	32
白金传	直隶蠡县	30
王毓秀	直隶束鹿	30
刘士奇	湖南宁乡	31
张瑾元	直隶肃宁	31
王衍绘	河南南阳	33
张汝鉴	直隶广宗	31
卜胄华	江苏武进	29
郭梦吉	直隶高阳	30
张传锷	山东泰安	30
戴仲虎	直隶天津	21
刘良佐	湖南长沙	31

保定

（续表）

姓名	籍贯	年岁
张德刚	直隶满城	24
黄培瑛	湖南宁乡	31
张大元	湖南醴陵	20
赵雁来	直隶蠡县	30
李庭钊	直隶任邱	30

留法高等工艺预备班第四班（计33人）
民国十年六月毕业（1921.6）

姓名	籍贯	年岁
刘宝信	直隶徐水	20
尹肯获	直隶定县	31
张荫林	直隶束鹿	30
贾国珍	直隶束鹿	21
李刚毅	直隶南宫	32
魏　震	直隶南宫	29
梁勋章	直隶满城	30
魏俊杰	直隶深泽	32
吴骏德	直隶完县	30
刘思孚	直隶深泽	
王之俊	直隶安国	29
乔荫苹	直隶临城	29
杨英俊	直隶晋县	30
阎维明	直隶大兴	34
王葆琚	直隶安次	32
杨文彬	直隶定县	31

（续表）

姓名	籍贯	年岁
陈起周	直隶定县	32
李步犀	直隶肥乡	33
刘同轨	直隶无极	32
杜士元	直隶怀来	31
王兆奇	山西沁县	29
张贵诚	山东夏津	30
王广忠	山东观城	31
霍金铭	山东恩县	20
贾国庆	湖北均县	30
熊德极	湖南岳阳	30
张仰骞	陕西襄城	29
黄　强	广西桂林	32
张国屏	安徽泗县	34
张善继	直隶香河	33
谢崇武	河南南阳	30
尚学融	山西孝义	33
郑培桐	山东莒县	31

（赵静、王会田：《留法勤工俭学运动》，解放军文艺出版社2004年版）

保定

各省留法勤工俭学名录

第一批：1919 年 3 月 17 日（启程）乘"因幡丸号"（日）

5 月 10 日抵法国

籍贯	姓　名							
湖南	易利宾	杨传渭	杨克敬	杨　楚	杨子轩	俞伦哲	李崇岳	李人俊
	李天健	刘本忠	熊运宏	黄千昂	黄周文	陈　琰	郑儒胜	汤启铸
	曹度谋	宋绍景	彭　襄	彭在国	吴树阁	吴家铸	王　工	王惟生
	欧阳钦	黎光雄	林　蔚	廖廷钰	廖一之	赖振疆	康清桂	符斌超
	符汉瑛	方华桂	胡安恺	胡在岳	胡　昱	郭壮猷	郭益书	傅昌钜
	冯献澜	赵卓雍	吴家鉴					
四川	喻正衡	石　琼	房　杜	胡国猷	刘　一	王德惠	王良翰	黎纯一
	杨　润							
直隶	霍景忠	韩克宽	任鸿书	管殿勋	刘云卿	梁全茂	刘德慕	李孚昌
	李荫波	李文元	刘文长	马恩元	王立心	王德安	王守成	王重威
	王兰馨	赵近仁	夏述虞	孙桂秋	段其光	田士古		
山东	生宝堂	邢国衡	姜　信	刘春芳	李思敬	唐　溍	周文中	唐宝珍
湖北	刘范祥	胡阜贤	夏安修					
安徽	沈宜甲							
江西	吴肇周							
广东	谭达伦							
江苏	方师夏							

第二批：1919 年 3 月 31 日（启程）乘"贺茂丸号"（日）

5 月 20 日抵法国

籍　贯	姓　　名							
直隶	金连升	刘贞吉	张清河	孙莲峰	石景俊	樊润山	刘宗汉	李书田
	吴春年	齐雅如	赵秉哲	周荫酆	周世昌	成星奎	韦福祥	
湖南	胡盛荣	林崧祝	李仲源	廖元瑛	刘　桙	萧　同	陈扬祚	周元圭
	王兰馥							
江苏	陆安之							

第三批：1919 年 4 月 14 日（启程）乘"伊豫丸号"（日）

6 月 6 日抵法国

籍　贯	姓　　名
湖南	彭明晃　陈　义

第四批：1919 年 7 月 13 日（启程）乘"三岛丸号"（日）

9 月 2 日抵法国

籍　贯	姓　　名							
直隶	段秉午	段松年	冯庆升	孙松亭	陈书乐	魏　良	杨茂林	杨鹤川
	严瑞升	王际昌	张治安	张阁绩	张玉琪	焦玉峰	王　策	马士仪
	孟龙甲	孟鹤泉	宏金元	乔丕成	齐连登	王书堂		
湖南	周培超	邓祖禹	邓渭川	宾鹏鸯	杨承德	李肇熺	罗学瓒	欧阳钧
	包光溢	方敦元	郭兴汉	娄绍莲	刘文青	刘家驹	萧振汉	谭显楫
山西	杨玉山	狄承谟	石光彦	纪守纲	刘炳煦	令狐国光	谢　汶	
	张仰斗	张　省	陈廷梁	张　凤	杨玉山	师济庠		
浙江	钟　煜	厉　宽	李惟德					
江苏	周德胜	吴琢之						
山东	王崇焊							
河南	王增璧	石盘国						
福建	高　维							

保定

第五批：1919 年 8 月 17 日（启程）乘"湄南号"（法）

10 月 10 日抵法国

籍 贯	姓 名							
四川	舒 宏	任 俊	毛升选	毛德诚	彭彦辉	彭宝珊	卜永鑫	熊汝骦
	霍家新	黄代镕	金满城	姜毓荣	郭清正	龚堃耕	耿道弘	林万选
	安子初	刘述一	罗曾奎	刘子华	李嘉秀	罗世棻	罗世襄	罗竟忠
	刘钧平	张斐然	陈 文	陈永澍	陈 书	周泽厚	周光炜	张志鹏
	张国权	郑 洧	卓 章	陈廷玺	周国才	周 礼	杨持正	杨廷虞
	杨绍奇	叶式从	余怀第	徐冠欧	苏言川	徐 俶	谢泽源	樊映堂
	方 镛	吴学昌	邬光寿	王启鉴	王咸雄	度骏恩	夏时烁	陈 炎
	陈 毅	刘怀宝	梅 诚	周芗琴	万监周			
浙江	许福堪	金赤文	邱镕材	叶三多	叶九如	宋国枢	秦炳洙	潘忠云
	何浩翔							
河南	汤俊哲	蓝廷硕						
湖南	周崇高							
江西	潘 毅	萧 健						

第六批：1919 年 8 月 25 日（启程）乘"盎特莱蓬号"（法）

10 月 1 日抵法国

籍 贯	姓 名							
湖南	傅定堃	罗浚叔	唐亚民	黄仁浩	杨自福	李振民	汪国燮	钟汉馨
	李不韪	黄 起	张 彰	罗益增	毛凤特			
浙江	汪晓初	任 光	叶 金	杨雨田	陈 浩	毛宗骧	王显琅	陆德沛
	葛其升							
广东	马思齐	陈 复	符 雄	周 牧	钟 毓	钟 藜	陈 虞	陈 宏
	李锡翔							
直隶	曾向五	袁鸿纲						
四川	马寿征	邓周南	方 楫	曾 琦				

(续表)

籍　贯	姓　名
江苏	徐　鹏
安徽	曹　强
云南	吕其昌
湖北	阎成章

第七批：1919 年 9 月 29 日（启程）乘"博尔多斯号"（法）
11 月 12 日抵法国

籍　贯	姓　名
湖南	徐特立　罗仲雄　黄　坚　李　倬　周昭麟　陈　绶　欧阳淑　任　理 姜濬寰　贺民越　米经炯　熊信吾　熊为绮　何光祚　林权英　曾以鲁 李大年　吴棣华
直隶	郑怀德

第八批：1919 年 10 月 16 日（启程）乘"渥隆号"（美）
11 月 25 日抵法国

籍　贯	姓　名
湖南	王　纲　言荣彰　李士芬　王丕基　林　斌　李隆郅　周　康　言荣一 方　乘　刘立暹　杨大昌　陈　楚　李卓然　傅　奎　邓　武　谢瑞麒 杨兴瑞　佘利亚　黄炳奎　郑业侣　郑家棣　傅道伸
湖北	刘汝墪　刘一成　康国祥　张继龄
广东	叶法武　陈复燃　古国铣　李淑良　马毓清　黄季朴　李树华
贵州	王若飞　范　濂　刘松生　蔡天爵　梅筑培
江苏	赵慰先　唐元梁
江西	朱发祥
陕西	李仲三
浙江	杨湘鸿

第九批：1919年10月31日（启程）乘"宝勒加号"（法） 12月7日抵法国

籍贯	姓　名						
湖南	余增生	傅儒仁	彭　宽	曹锡三	姜瑞熊	唐振秋	万扬义	杨宗周
	苏忠恕	袁作屏	易鼎荥	龚声律	余海霞	余如愚	黄庭经	贺　果
	袁若驹	李　林	李国英	郑延谷	李维汉	任安晜	罗明俊	陈华埙
	毛凤章	胡鹿冈	李长极	萧石冰	李富春	赵登弗	鲁其昌	鲁观成
	萧自乾	樊德染	李绳彝	宋光务	熊云甲	王　祉	林祖烈	
	欧阳灵泽	陈仁耀	朱克隽	傅章旸	袁澍霖	张昆弟	李坚伯	
	汪廷贤	傅正润	陈炎甫	朱永邦	黎常纪	罗超群	邓辉祖	郭兴熙
	熊但儒	周　晃	刘绍宽	彭福炳	杨超	范新度	舒之锐（女）	
江西	江学轩	黎开绳	周焕文	傅继尧	游嘉训	汤昌椅	萧复之	
山西	梁鸿裁	阎效文	马溥恩	赵　僖	陈廷栋	丁梦龙	王国宾	王　伟
	王骏发	李国垣	南相周	贾天恩	曲　评	田象棋	刘敬书	
四川	颜实甫	周钦岳	邓大鸣	吴大璋	吴震寰	邓钜芳	熊天祉	王国璠
	向　鹏	梁彬文	谢用常	林兆倧				
江苏	陈先登	陆福耀	朱曾祥	赵尔谦	康时伟	顾文熙	徐炳光	傅錦舟
	马轶群	赵廷良	徐麟书	许觊吾	奚佐尧	刘之谋	顾伦布	朱亚舫
	樊书麟	朱永增	江廷辉	江　涛	郁秉权	康畴伟		
浙江	卢政纲	吴　诚	毛显球	舒鸣东	姚绍虞	张补新	陈柱一	朱乃华
	顾柏年	李佑金	周　向	王贤良	杨　聿	龚贤明	张瑞元	郑文礼
	吕凤蟾	王育三	潘鼎新	闵志达				
湖北	张铭桂	张鸿耉	桂乃黄	马禹敷	康兆民	程绳武	袁　松	
山东	蒋祥鹏	孙玺凤	曲敬修	陈骥程				
直隶	路三泰	耿秉璋	杨荫宇	毛少卿				
广东	郑倩之	苏天畤	施振亚	朱志经	谭炳松	梁耀芬	卢　瑞	蔡伯雄
	谭郁杰	黄思颖	吕俊超	黄　晃	梁砥中	独　无		
河南	张桓涛							

（续表）

籍贯	姓名
安徽	阮学源　邓同赓　高捷三
广西	覃远猷　陈育燧
福建	林青萍（女）　林毓英　邱天赐　江文新　曾庆宗　江廷琛　翁联桂 陈祖堃　潘澄畴　黄廷钧　吴乃青　陈承铤　雷　瀚　陈德恩　赖　俊 卢永秋　倪联荣　黄如虎　黄永源　陈祖康　吴郭荣　萧焕章　黄士杰 陈瑞桐　周澄南　周永年　林有壬　黄英麟　周奠粤　郑超麟　方文征 黄鸣谦　黄翼深　黄克临　范启煌　谢青峰　冯作舟　吴正谊　林英锋 庄舆坤

第十批：1919 年 11 月 22 日（启程）乘"勒苏斯号"（英）
1920 年 1 月 23 日抵法国

籍贯	姓名
浙江	王永清　周　震
湖南	许孕六　郭观仪
安徽	张其浚　汪熙昌
四川	胡平成
广西	苏汝诠
广东	梁维四
福建	桂翊春
奉天	王捷先
江苏	盛　成　朱肇锡　徐　震　沈宗毅　周国良　邵树铭
贵州	朱崇丰　黄齐生　刘方岳　熊志南　熊铭青　任树敏　严　瑾　冉蕴明 胡礼同　汪颂鲁

保定

第十一批：1919 年 12 月 9 日（启程）乘"司芬克斯（凤凰）号"（法）
1920 年 1 月 14 日抵法国

籍　贯	姓　名							
湖南	汤见龙	颜昌颐	李　伟	汪泽巍	皮作琼	傅益彰	龙颺群	朱　馨
	王泽楷	向培熹	刘　武	黄树梅	蒋景瑞	朱振武	丁维馨	罗昭荣
	孙世灏	王镇汉	刘子勤	王运储	杨峰林	邓赓熙	丁　珩	曹世芳
	李墨昌	李化之	陈赤	陈荣	李怡远	童桂溪	汪　洋	邓崇鲁
	郭国宾	谢振河	刘肇光	谭天堑	谭麟	张翰超	郭振钧	
	范新顺（女）		范新琼（女）		熊淑彬（女）			
四川	秦治谷	王　乾	鞠继承	马元熙	马睿莹	池　仑	袁守性	杨　德
	张存煜	萧金芳	简　廉	李劼人	黄乃渊	董宝琪	梁　和	吴少海
	孙诒谋	李哲荪	闵　达	何鲁芝	胡　助	杨国梓	王　璐	陈昭亮
	张侠益	龚　灿	慕均石	聂荣臻	周子君	桂万年	唐家修	刘宗华
	刁泰乾	刁泰升	魏裔真	江　麟	袁税伯	萧　森	袁本德	帅本立
	涂知白	刘厚垓	汪武烈	曾广铭	徐麟瑞	杨浩沧	程康侯	夏绍禹
	黎重夫	饶洪钧	陈光曜	曾义宇	罗永纯	钟汝梅		
江苏	朱廷璋	陈鼎益	潘锡光	王鉴之	吴　琪	顾文彬	潘韵笙	朱道明
	荣襟伟	宣松涛	徐凌云					
浙江	陈　荦	朱　亮	盛鸿羽	陈彭年	於升峰	胡维元	赵　毅	杨思礼
	余建设	杨光澄	楼桐孙	许亦鲜	孙葆真	林三典	王浙声	
直隶	王福祥	李绍彭	刘世业	张翰元	齐国枢	齐国椿	张万有	张树馨
	张　盛	王培骧	王培骊	刘荫棣	王臣荣	董荫易	张家俊	关锡斌
	高凤藻							
安徽	陈　铁							
江西	饶国璋	饶来杰						
湖北	王衍绪	刘光照						
奉天	叶奇峰	杨梦周	吴秉中					
河南	余中楫	张务远	王增序	冻文楷	吕梦庚	冻春水	杨介臣	何庆澜

第十二批：1919 年 12 月 25 日（启程）乘"盎特莱蓬号"（法）

1920 年 1 月 28 日抵法国

籍　贯	姓　名						
湖南	向警予（女）　文志新（女）　熊季光（女）　萧　珉（女） 蔡　畅（女）　葛健豪（女）　李　志　刘　云　胡封岳　黄建中 蔡和森　万寿鼎						
广东	吴义修　黄雪超　朱志沂　戚绍缫　熊　佐　徐汉申　周　容　李德桂 赵革洪　陈日安　郑明友　郑志宁　骆开先　李开钟　林文铮　周增馨 雷耀寰　张贵源　冯汝煜　钟耀光　苏璞轩　林凤鸣　彭世枋　林宜志 彭思华　伍瑞宁　余伯一　朱勉躬　黄泽光　司徒槐　罗　春　邓士采 伍英树　黄焕昌						
福建	伊光彝　刘道济　吴暾永　吴树钧　陈运中　刘栋业　林毓奇　林逢时 赖维勋　马曰三　胡德皆　吴则林　卜学奇　黄朝平　何存厚　陈延寅 张　敬　陈　成　曹廷勋　童寅亮　林　铮　林　镕　陈秉乾　苏毓明 傅国韶　雷化云　徐泰咸						
浙江	杨　瑞　蒋步瀛　严秉钧　赵霞城　许奉璋						
江苏	张润勋　汪立诚　张　实　顾翔埠　冷　中　陈有章　蒋元薰　熊　雄						
安徽	叶振钧　何宏略　徐守模　陈乔年　陈延年　江　达　夏　霆　杨翼远 李尔珍　杨士彬　方　明　季　苏　徐守楷　李平衡　尹　宽　尹润身 朱　瑗						
河南	孟广赟　韩甫熙　姜震寰　陈九鼎　李　杞　陈国荣　宋学增　张剑初						
湖北	张育新						
直隶	关　煜　王藻纯						
四川	罗世安　马宗融						

第十三批：1920 年 2 月 15 日（启程）乘"博尔多斯号"（法）

3 月 25 日抵法国

籍　贯	姓　名						
湖南	刘人恭　刘人敬　张鼎立　向瑞琪　薛世纶　李积云　赵家杰　陈常武 王　圭						

保定

（续表）

籍　贯	姓　名
江西	杨立诚　许德珩　文名升　彭树敏　蔡源高
四川	叶济澜　冉印文　朱志清　赖庆麒　敬克明　袁庆云
山东	萧兰州　刘慎谔
安徽	韩　奇　江腾因　潘　苏　潘　荣　张文伹　李洪模　吴建邦　周云锦
广东	江河永　陈　毅　谢瀛洲　张绍徽　陆　炜　谢　华　陈章海　谢维鉴　陈道平　陈德祥　黄传均　陈郎秋　张绍坡　陈汝权　黄佩瑜　黄其琛　余　桐　张上儒　崔劲立
湖北	陈　豪　田正刚
广西	曹德三

第十四批：1920 年 4 月 1 日（启程）乘“宝勒加号”（法）5 月 7 日抵法国

籍　贯	姓　名
四川	李得鑫　廖鸿九　黄钟声　彭世锴　游远钦　潘　良　邹昕楷　黄石谷　周宣坪　向　德　毛克生　周植生　沈　超　戴清畅　李鹤林　王光祈　魏时珍
湖南	陈常武　王　圭　蒋湘雄　周敦宪　黄自厚　柳克聪　方至刚　李敬安　刘　瀛　罗瑞芬
江西	陈宝锷
安徽	朱伯麟　王国梁　周秀芳　郑大章　张毅　常宗会　甘兆卿
浙江	蒋金丰　蒋子燮
广东	邓秉堃　孔宪铿　徐健峰　徐国桢　李昌燿　丁记徐　章泽锦　关超豪　周煛源　罗家潘　潘荫巩　黄　植　黄履健　叶其森　叶国华　林开莹　敖道魁　温应盛　黄昌荣　吴秀峰　吴苏培　朱　琪　陈锡渠　郑鋈鎏　彭启彬　邝铎莫　曾祥鹤　范会国　潘乃尉　丘卓云　苏天元　黄忠靖　白深槽　刘傅骐　吴为霖　杨　侙　蓝启懋　谢　鸿　李犹龙　黄士元　张定汉　周燮元　黄　刚　黄伟勋　蔡乃骀　游庚倓　李文祥　吴钟麒　符传钵　陈荣魁　林乔元　赵　森　岑藻芬　刘秬香　陈传咏　何学骧　陈宗城

（续表）

籍贯	姓名
湖北	吕焕义　黄征献　向道　王克纲　张皓
江苏	戴占奎　鲍冠儒
直隶	王恒心　冯之祺　袁连捷　张增源　莫文锦　刘澈　弓鎧　张俊杰　陈琛　刘守身

第十五批：1920 年 5 月 9 日（启程）乘"阿尔芒勃西号"（法）
6 月 15 日抵法国

籍贯	姓名
湖南	章兆丰　萧仁煦　张增益　陈克兴　陈卓明　赵谦　黄人俊　黄光玖 黄其弼　胡阜民　周惟箴　陈佛舟　高尚　柳季刚　戴勋　谢裔咸 何寅修　莫岂　彭礼端　谢仲刚　郑志　谢开棐　易鼎　黄品铭 陈闻纳　萧子暲　左纪桢　刘鹏九　蒋健英　方圆　萧式　黄厚旼 黄进　张国超　萧拔　侯昌国　吴显鸿　熊光楚　熊世麟　杨新荣 刘明俨　陈绍休　陈绍常　向培嘉　李蕃　罗汉　陈毅生　欧阳泽 刘梯崖　孙发力　娄绍承　邓定昭　成湘　王人达　李泽鑫　朱子旻 郭名忠　张怀　唐灵运
四川	薛意诚　张燿　周鼎　赵世炎　郑国平　罗成镕　甘瑞　熊泽湘 王世孝　王国纯　常玉　沈晋　周伯星　吴若膺（女） 胡蜀英（女）　王耀群（女）
浙江	毕修爵　许嵩　俞廷奎　王仁　陆天游　杨有恒　张宗文　傅逸生 冯敬　陈德　林则瑞　张善新　陈齐　何方理　陈光熙　王景岐 王吉多　朱玺　陈泽孚　卢章耀　周燕孙　沈俊达
江苏	李恒照　林镕　陈品善　朱葆儒　薛承业　何旦　周铁鸣　张文
湖北	张天翼　刘万轶　郑济　习文德
陕西	王独清　谭庆兰
广东	熊锐　熊准
广西	黄士韬
江西	李哲明　邓荣鏓　涂名扬　骆诵庄　傅见贤　石毓赋

保定

第十六批：1920 年 6 月 25 日（启程）乘"博尔多斯号"（法）
8 月 4 日抵法国

籍贯	姓名							
广东	黄士奇	张 掖	张文雄	谢运奎	石明德	伍据华	罗仲强	吴载维
	郭以洵	林继文	吴铭基	罗 干	马光紫	马兆彫	赵士望	郑道麟
	吴国光	张耀光	江适存	崔劲立	邓焕华	陈兴蕃	邹世骏	张作霖
	方学李	邓长虹	刘纪标	王振洋	郑肃恭	黄锡雄	李廷荫	林昭武
	马斯臧	徐树屏	詹显哲	林鼎铭	黄卓染	郑家珠	陈其愚	区澄宇
	廖衍祺	郑彦范	林克明	林汉珍	何朝栋	洗荣熙	黄 驹	李达钦
	马宝驹	王德明	崔曾达	陈汉徐	郑家康	潘景和	梅玉佩	朱大章
	黄祝三	朱宝筠	李世雄	麦逢秋	朱韵涛	梁志尹	伍璧珊	陈思美
	张子柱	朱华黻	胡国伟	林秉熙	谭毓林	李而钊	范启智	黄梅五
	黄卓寰	雷文灼	龙庆范	龙觉黎	胡瑞图	胡瑞燊	冯叶恭	龙宝鑅
	梁善金	罗粤峰	龙翰銮	江兆濂	刘尔题	朱宝衡	陈祖贻	吴宗汉
	陈春霖	李慎之	彭嘉言	莫辉罴	史乃绍	刘立庭	许汉雄	刘灼藜
	黄闻欣	叶熙春	陈炳勋	何海潮	朱绍东	符迪才	敖华耀	林树琇
	吴节性	王士魁	江吕文	罗奇才	王 木	蔡仲武	蔡仲文	陈典学
	刘无为（女）		刘粹微（女）		刘抱蜀（女）		邹紫溟（女）	
	梁天咏（女）							
江西	邹怀葛							
河南	苏联第							
陕西	张梦九	丁同信						
福建	罗际清	吴慕唐	林佑民	林集鹤	苏葛民	康 德	黄堂滋	曹鼎华
	黄逢霖	黄廷珍	林 拱	田莘耕	卢毓俊	魏秉俊	赖寿仁	张燨藩
	林福霖	张国治	施欣谦	高宪英	沈祖同	陈国梁		
四川	莫若德	杨昌祚	吴 光	刘伯坚	柏载鹍	郭有守	范崇垣	佘宗铭
	蒲照魂	赵鸣恩	林修杰	刘 鑫	郭达垓	刘运中	曾宪中	雷定琨
	任启彰							
直隶	高述尧	曹清泰	邓豫熙	张 钧	宋树浔	张德禄	王自珍	胡嘉谟
	韩振世	赵光宸	刘桂馨	段澄波	李世铭	张树桃	伏国祥	程宝琛
	李瑞成	高震埜	齐 启	张惺舟				
湖北	刘树勋	张傅琦	张曼孙	周辅青	廖仁先	吴注东	张富春	

(续表)

籍贯	姓名
江苏	吴敬安　张中正　金鳌　陈任民　张寰镜　卢启宗　卢允升　沈洋元 汪信臣
浙江	余文铎
广西	邓庆修　李毓楷
山西	李倬
云南	杨洸　丁孚远　张伯简　余铭
湖南	廖奕　杨达三　傅致明　林祖渊　杨赓陶　韩俊　冯斌　钟巍 吴明　萧光炯　周祺　廖鼎铭　石承鼎　陈馥梅　王武　钟莘锷 石鸿年　杜熊光

第十七批：1920 年 9 月 11 日（启程）乘"盎特莱蓬（法）号" 10 月 19 日抵法国

籍贯	姓名
四川	熊云章　贾岱　袁文庆　邱少元　傅汝霖　胡斯美　陈良柏　周青馥 熊正钧　吴宥三　虞大模　戴坤忠　贺学礼　张俊寿　刘君才　李植 阚时杰　张文枝　谢陈常　周永生　颜克玲　胡伦　胡大智　张开元 杨於昭　王迪简　邓正利　刘辉训　罗年禧　王邦倜　熊济平　王是善 江克明　邓绍圣　周鼎　郭天枢　况鸿儒　李生春　张文骙　郭其书 周维桢　熊禹九　陈家齐　唐世丞　张熙　周德昭　熊正心　刘深山 张茂林　杨维侃　陈永璧　喻正钧　周玉书　陈朝能　陈百方　凌君慧 李策勋　王兴智　邓希贤　李兴荣　徐大鸿　赖赓尧　王建陌　刘世孝 熊卿云　王宪清　杨名勋　李为栋　余方体　周文楷　左鹏　冯学宗 沈式麟　李雄　罗麟　刘从善　詹谓明　冉钧　吕永寿　杨晴辉 吴鸿哲　杜奉璋　韩础　傅智涵　唐景伯
湖南	曾镇岳
浙江	李锡智（女士）
奉天	田桂芳（女士）　　吴孟班（女士）
江苏	郑璧芋（女士）　　吴佩如（女士）　　张近煊（女士）

附录十三

保定

第十八批：1920年11月7日（启程）乘"博尔多斯号"（法）12月13日抵法国

籍贯	姓名							
奉天	李一民	金用桢	金载勋	李晶燮	钱宏达	方之化	徐岭海	包咸采
	李浩	金永璐	崔昌显	濮守重	李龙济	韩秀龙	狄一华	郑锡海
	许元	卢凤麟	袁亨泽	庄源林	金钟声	徐尚璋	冯兆异	于锡恩
	孙佩苍	刘文彦						
浙江	王行素	沈立成	周昌炽	胡封	童致和	刘德襄	沈颂年	褚凤仪
	张镇谦	周经楷	毛宾	陈孝可	徐贤焯	周恩来	王光埏	郭颂铭
	乔国儒	邓孝勤	张明	章明	田有秋	周志恕	陈修杰	
安徽	邓穆	王若怡	董桂阳	沈宜壬	汪同祖	董效舒	刘树屏	张明德
	张正道	章韫胎	曹自谦	吴本智	杨杰	杨刚	江世义	陈坦夫
	李昌熙	刘文騄	姚保之	方涛				
直隶	王晨	佟宝铭	张德刚	郭梦吉	孙岳峰	赵曾隆	胡兰馨	武箫
	张汉文	张汝鉴	齐锁庄	尚镒	郭庆云	翟新传	张湜	王守义
	李泽棠	李恒安	卢宗藻	段其燕	董枰	孙寿朋	戴仲虎	李福景
	张呈祥	钱鸿达	张进辅	王道宣	邓毓珩	叶云启	张见超	巴广亨
	姜般若	张少武	李廷钊	蔡无	钱启福	钱家鼎	郭隆真（女）	
	张若名（女）							
湖南	苏曜庭	余平	陈泮藻	娄砚斋	黄聚星	萧振声	潘融	黄雄
湖北	董鸿才	董黻才	傅祖林	陈镇瀛	程士斌	李林	周家襄	林永裕
	游华国	杨兴培	庄世法	袁敦怀	刘崇厚	王泽润	宁守恪	陈声煜
	滕功成							
江西	彭树茂	刘克俊	金树章	谢承瑞	李凌鹤	汪恩广	黄国俊	谢远瀰
	王仍	郭志汾	陈发祥					
四川	左绍先	宋德璋	施玮	缪仁	傅钟	黄恒光	何肇绪	李霈
	杨械	卢丕谟	宋法明	舒辉暲	熊天赐			
江苏	郑德麒	陈延辉	刘大绶	徐鼎	吴坦	左元华	孙锐	孟稜崖
	邱炳生	顾尧阶	沈沛霖	邓开举	杨品苏	柏劲直	于履中	姚亮
	朱增璞							

（续表）

籍　贯	姓　名
河南	丁肇青　钮秉甲　张景仲　赵汉鼎　杨中方　李秉煊　王衍会　连成中 赵同功　宋建寅　李淏（女）　绥　远　李士林　巴文峻　阎　伟
陕西	李景铭　谢树英　李荣春　阎浔　白笫益
贵州	殷　权　杨开荣
广东	陈天麟
广西	覃仲霖
山东	孙鹤翔

第十九批：1920 年 11 月 24 日（启程）乘"高尔地埃号"（法）
12 月 27 日抵法国

籍　贯	姓　名
浙江	陶尚钊　王新亚（女）
直隶	张申府　刘清扬（女）
四川	张雅南（女）　石海霞（女）　潘惠椿（女）　李鸿明（女） 朱一恂（女）　朱一逊（女）　张振华（女）　李　琦（女）
广东	许纯洁（女）　关爱莲（女）
湖南	劳启荣（女）　魏　璧（女）

第二十批：1920 年 12 月 15 日（启程）乘"智利号"（法）
1921 年 1 月 20 日抵法国

籍　贯	姓　名
湖南	彭　烈　毛遇顺　资道焜　何　坤　段振寰　蔡支华　高　风　吴让周 王导潜　周楚善　罗承鼎　何廷珍　黄　英
陕西	李作人　安　汉
河南	徐人极　陈嘉言　郭须静
直隶	白金传　赵雁来
山东	高殿卿

保定

（续表）

籍　贯	姓　　名						
云南	徐嘉瑞						
浙江	孙福熙						
四川	石南阳	岳少文	程秉渊	彭鸿章	郑士彦	张　帜	胥泽涵	张伯勤
	刘　充	萧集桢	胡慕昭（女）		周玠珪	杨为质	栗　泽	曹际霄
	曹建章	徐春芳	邓典承	张安默	孟　舒	龚代焕	汪树庄	程鸣岐
	峣美灿	常云湄	李崇高	倪龙骧	陈　侠	莫定森	邹昌平	欧阳明
	曾　慎	陈光露	曹清平	陈崇宪	张　华	陈家悫	吴怀德	杨体怀
	颜宗泽	李茂荣	万国源	张其相	李　枡	穆　清	陈家珍	刘仁信
	黄陈里	谢修五	叶长龄	冷恒锜	张汉何	陈　朴	雷治辅	陈　师
	潘学德	高　岗	何嘉谟	李畅英	萧树械	田愚甫	张汉良	吴绍陵
	袁　澈	吴从龙	何嗣昌	伍桂馨	伍桂薰	张问明	安永凯	李季达
	杨明镜	杨长茂	黄正彦	周　权	方　策	黄映湖	许祖熊	许肇檀
	王极知	范　易	李绍渊	曾莅溥	薛实甫	乐缉熙	朱锡恩	钟兴义
	唐锦柏	尹懋昭	樊　固	陈学愈	周邦彦	睾显臣	黄　极	李畅德
	刘仲轩							
湖北	夏敬隆	杨家柱	史乃绍	南炬焜				
江苏	唐叔华	唐冠华	谢　会	王敏政	诸葛华			

　　（赵静、王会田：《留法勤工俭学运动》，解放军文艺出版社2004年版）

主要参考文献

明天启 孙承宗：《高阳县志》。

清光绪《保定府志》。

清雍正《高阳县志》。

民国《高阳县志》。

《旅欧教育运动》，世界社法国都尔中华印字局 1916 年版。

贺果：《上谷日记》，湖南人民出版社 1985 年版。

苏秉璋、李福田：《江南实业参观记》，1936 年版。

朱传誉：《李石曾传记资料》，天一出版社 1979 年版。

《李石曾先生文集》，中国国民党党史委员会 1980 年版。

杨恺龄：《民国李石曾先生煜瀛年谱》，台湾商务印书馆 1980 年版。

卞孝萱辑：《留法勤工俭学资料》（近代史料），1955 年第 2 期。

肖三：《毛泽东同志的初期革命活动》，中国青年出版社 1957 年版。

何长工：《留法勤工俭学生活》，工人出版社 1958 年版。

舒新城：《中国近代教育史料》，人民教育出版社 1961 年版。

《周恩来旅欧通信》，人民日报出版社 1979 年版。

《赴法勤工俭学运动史料中国现代革命史资料丛刊》，清华大学中共史教研组编，1979 年版。

《蔡和森文集》，湖南人民出版社 1979 年版。

李维汉：《回忆新民学会》，《历史研究》1979 年 3 期。

《新民学会资料》，中国革命博物馆、湖南省博物馆提供，人民出版社 1980 年版。

张允候：《留法勤工俭学运动》，上海人民出版社 1980 年版。

陈三井：《留法勤工俭学运动》，台北正中书局印行 1981 年版。

《赴法留法勤工俭学运动史料丛书》，清华大学中共党史教研组编，1981 年。

黄利群：《留法勤工俭学简史》，黑龙江人民出版社 1982 年版。

张洪祥：《留法勤工俭学运动简史》，教育科学出版社 1982 年版。

《肖三文集》，新华出版社 1983 年版。

［日］ 森时彦《留法勤工俭学运动小史》，河南人民出版社 1985 年版。

林声：《中国勤工俭学》，辽宁大学出版社 1990 年版。

《李富春选集》，中央计划出版社 1992 年版。

《留法勤工俭学运动》，山西高校联合出版社 1994 年版。

鲜于法：《留法勤工俭学运动史稿》，巴蜀书社 1994 年版。

《百年名校育德中学》，保定市政协文史资料第十二辑，1994 年。

《中华文史资料文库》，第十期卷·文化教育编，中国文史出版社 1996 年版。

中国革命博物馆：《中国留法勤工俭学运动图录》，上海人民出版社 1997 年版。

杨金鑫：《青年毛泽东与近代湖湘文化》，湖南师范大学出版社 1998 年版。

赵静、王会田：《留法勤工俭学运动》，解放军文艺出版社 2004 年版。

齐如山：《齐如山回忆录》，辽宁教育出版社 2005 年版。

《留法勤工俭学运动实录》（中法），国务院新闻办公室编，五洲传播出版社 2005 年版。

吴桂良：《留法勤工俭学发祥地·高阳》，中华书局 2009 年版。

《新人生观·蔡元培随笔》，北京大学出版社 2010 年版。

李春雷、史克己：《赤光·留法勤工俭学运动纪实》，河北大学出版社 2010 年版。

齐如山：《齐如山全集》，河北教育出版社 2010 年版。

王永利、段亮：《史说高阳》，河北教育出版社 2012 年版。

赵颖霞：《保定文化教育史》，吉林大学出版社 2015 年版。

夏志学：《农大史话》，河北大学出版社 2015 年版。

［法］王枫初：《移民与政治·中国留法勤工俭学生》，北京大学出版社 2016 年版。

附录十四

保定

后　　记

2018 年元旦最初的一缕曙光，透过窗棂照进了编创组的工作室。又是一年来临，时间好快，转眼的功夫两年过去了。这两年，我们这帮闲散之人喝着茶、聊着天，继编创《保定军校》一书后，竟然又琢磨出了一部文献纪录片文学脚本《从保定到巴黎》。

留法勤工俭学运动，过去了整整一个世纪。这个运动的肇启之地，就是保定。然而，这场运动根植何地？缘起何由？首倡何人？几代人过去了，但凡老保定人，即便对于文史有些热衷的人士，详知者焉能有几？半个多世纪里，学界研究者们大多注重这场运动的发展过程、结果以及对后世产生的重大影响。而对这场运动的初始之事，诸如，为何肇启于保定，其缘由和细节等，却很少涉猎。这或许与运动的主要发起人李石曾有关，他为国民党的四大元老之一，其人其事如何客观评价、推介，由于诸多原因，使不少学者或望而却步，或采取人为忽略的方式绕开了。固然，早期资料的匮乏，研究起来难度较大，或许也是一个原因。

弥补这段记忆的缺失，讲述发生在保定的故事。这不仅成全了我们一次学习的机会，似乎也是我们的初衷。

两年来，我们本着对家园的挚爱、对历史的尊重、对现实的感悟，开始了寻找、叩问、思索以及创作。其间，作为一个小团队，伏身故纸，回望曾经，我们一直被感动着。感动于毛泽东、周恩来、蔡和森、李富春等中国共产党创始精英们，投身大潮，探寻真理，主导了这场运动的政治走向，从而为中国共产党的创立做了理论上的准备和干部培养；感动于保定高阳籍人氏李石曾倾其所有，力倡大业，终身不悔；感动于那么多的有志青年，尤其是众多的保定籍青年，漂洋过海，学成而归，或以科学家成为中华民族之栋梁，或以革命者为新中国的诞生抛颅洒血。

作为保定人，我们引以为傲。

沉浸在留法勤工俭学纪念馆室，流连于高阳布里村那所乡村学堂，奔波在求教专家学者、采访知情故旧的路上，翻阅上千万字的有关资料，我们的心始终充满着崇敬与激动。

这部书稿，我们以文学脚本样式，从六个不同角度，客观述及了20世纪初留法勤工俭学运动肇始的历史背景、缘由、人物关系以及发展历程；全方位厘清了这场运动与保定密不可分的关联；翔实解析了保定在这场影响后世近百年的运动中不可或缺的作用和历史地位，彰显了保定厚重的历史文化和人文精神。

两年间，我们得到了各级领导和社会各界的大力支持。保定市人大常委会主任马誉峰坐筹帷幄，热忱鼓励，悉心指导，并欣然作序；河北省文联原副主席、省书协副主席潘学聪题写书名，为本书增光拔色；保定市文广新局局长赵其国为编创工作排忧解难，鼎力支持。河北大学、保定学院吕志毅、吴洪成、范铁全、赵颖霞等教授给予了学术上的支持与肯定。我们还得到了河北农业大学、保定市委宣传部、保定市文广新局、中共高阳县委、高阳县人民政府、保定留法勤工俭学纪念馆、高阳县档案局、保定育德中学、高阳县文保所等单位的大力协助。河北农业大学党委宣传部副部长夏志学、河北大学教授李彦彬、高阳县人大副主任王建发、保定市文广新局处长甄明辉和副处长李占超、保定一中原副校长郑新芳、保定群艺馆原副馆长刘正、保定育德中学校长石志伟和原副校长刘继良、保定市文广新局张海峰、保定直隶总督署博物馆吴蔚等施以援手。保定市委宣传部姜蒙、保定市艺术研究所所长翟羿、保定莲池书院博物馆骆海涛、保定市图书编辑研究会王正宜等参加了部分统稿工作。在此，由衷地感谢大家。

本书作为文献纪录片的文学脚本，虽经反复斟定，囿于水平所限，仍有诸多不尽如人意之处，付梓之际，我们将以坦然的阳光之心，恭请各位方家教正。

后记